suhrkamp spectaculum

Ingrid Lausund ist Theaterautorin und -regisseurin. Ihre doppelte Profession, die sie mit Theaterleuten wie Gesine Danckwart, René Pollesch oder Kater/Petras teilt, verweist auf die besondere Dringlichkeit ihrer Theaterarbeit, die sich ganz unmittelbar auch in ihren vielgespielten Stücken niederschlägt. Lausunds Texte entstehen aus einer lebendigen Theaterpraxis und in der Auseinandersetzung mit aktuellen gesellschaftlichen Phänomenen. Ihre skurrilen Figuren sehen sich permanent mit der Anforderung konfrontiert, in komplett individualisierten Verhältnissen und in Zeiten verfallender Werte »richtige« Entscheidungen treffen zu müssen. Lausunds Stücke – ob sie im Supermarkt (*Hysterikon*), im Büro (*Bandscheibenvorfall – Ein Abend für Leute mit Haltungsschäden*) oder während der Probe zu einer Wohltätigkeitsveranstaltung spielen (*Benefiz – Jeder rettet einen Afrikaner*), künden auf pointierte und sehr komische Weise von einer existenziellen Sisyphosarbeit, die in alltäglichsten Situationen zu leisten ist.

Dieser Band versammelt drei der erfolgreichsten Theaterstücke der in Ingolstadt geborenen Dramatikerin Lausund, die jeweils von ihr selbst uraufgeführt und im In- und Ausland bislang mehr als 100 Mal inszeniert wurden.

Ingrid Lausund

Hysterikon/ Bandscheibenvorfall/ Benefiz

Suhrkamp

2. Auflage 2017
Erste Auflage 2013

Satz: Hümmer GmbH, Waldbüttelbrunn
Umschlaggestaltung: Katja Bohlmann
Printed in Germany
ISBN 978-3-518-42413-1

HYSTERIKON

Personen

Das Stück kann mit sieben Schauspielern gespielt werden:

Der Kassierer

Die Frau mit der Jutetasche, die aus Leinen ist
Die Frau in Gucci
Die Frau an der Kasse, die keinen mehr vorlässt

Das schwarze Mädchen, das auf einmal den Impuls hat …

Der junge Mann, der das Mädchen fast gefragt hätte …
Der Mann in Armani
Der Mann bei den Zeitungen, der jetzt mit der Wahrheit leben kann
Der Mann in der großen, bunten Tarnjacke

Die Frau, die noch genug Schlaftabletten hat
Die Frau, die zufällig beobachtet, wie …
Die Frau in der Tiefkühltruhe

Der Mann bei den Kaffeekannen
Der Mann, der für seine Freundin eben …
Der Mann, der Schwefelsäure, Draht und eine Eisenstange kauft
Der Mann, der sich als Kind 98 Heiligenbildchen kaufte

Der alte Mann

1. Szene

Ein moderner Supermarkt. Regalreihen, die ins Unendliche laufen. Rechts ein Kühlregal und eine große Gefriertruhe. Links, sehr präsent, eine Kasse mit Laufband und Mikrophon. Im Hintergrund eine Treppe, die bis zum Schnürboden geht. Die Treppe wird nur vom Kassierer und zum Schluss vom alten Mann benutzt. Der Kassierer ist gleichzeitig der Conférencier des Abends. Das fleischgewordene Prinzip der Abrechnung. Keiner kommt an ihm vorbei. Er ist die ganze Zeit auf der Bühne. Manchmal geht er in den Köpfen der Leute spazieren und spricht ihre Gedanken übers Kassenmikro. Manche Leute kommen und gehen, andere scheinen in dem Supermarkt zu wohnen. Am Anfang leise Supermarktmusik. Der Kassierer kommt die Treppe herunter. Er macht die Lichter an, kontrolliert einige Waren, stellt die Kasse ein usw.

KASSIERER Nabend. *Pause.* Na, muss ja nicht. Was soll ich lang drumrumreden. Kassierer, Kasse, Supermarkt. Zahlen muss jeder. Preise stehen fest. Gehandelt wird nicht. Sie können kriegen, was Sie wollen, vorausgesetzt, Sie können zahlen. Kaufen und gekauft werden. Verkaufen und verkauft werden. So ist das, und das ist nichts Neues. Zahlungsmittel: Geld, Karte, Schecks – weiß man doch. Aber auch Träume, Ehrlichkeit, Würde, Gesinnung, Freunde, Kinder, Partner. All das können Sie eintauschen gegen alles Mögliche. Zum Beispiel Träume, Ehrlichkeit, Würde, Gesinnung, Freunde, Kinder, Partner. Was die Dinge kosten, weiß man auch. Was sie wert sind, weiß man oft erst, wenn sie nicht mehr da sind. Zum Beispiel Oma. Oder Papas Prostata. Oder wenn Sie Ihre Träume gegen Ihren Partner eingetauscht haben. Oder Ihren Partner gegen Ihre Freunde. Oder Ihre Freunde gegen Ihren Arbeitsplatz oder Ihren Arbeitsplatz gegen Ihre Würde. Tja, Würde. Wie viel Wert hat ein Begriff, den es per se nur im Konjunktiv gibt? Zur Orientierung: Qualität ist so in Augenhöhe; in den unteren Fächern finden Sie die sogenannte Bückware. Ja, manchmal muss man sich halt bücken. Dafür wirds dann günstiger. Je tiefer umso billiger, und das macht das Rückgrat biegsam. 69 Cent für nen Joghurt, ist das viel? Ja? Nein? Warum? Brot, Seife, Waschmittel, Weltfrieden, hier – erfülltes Sexleben. Interessiert? Kostet Sie den Kopf. Tja, so läufts. *Er setzt sich hinter seine Kasse.* Geht gleich los. Drehen Sie mal nicht durch, wir haben noch drei Minuten. Wie wärs, wenn Sie in den drei Minuten grad mal so ne Zwischensumme machen. So für sich. In Stillarbeit. *Pause.* Und? Wie viel haben Sie noch auf Ihrem Konto? Reichts noch für ne große Liebe, oder besser doch das blonde Sonderangebot? Wie viel Schecks haben Sie unterschrieben mit »Ich liebe dich«, und wie viel waren davon gedeckt? Ja. Machen Sie doch mal ne Zwischensumme. Was war eigentlich mit der Idee, mit dem Fahrrad um die Welt zu fahren? Ah, steht noch unter Soll. Mit dem Malen anfangen – Soll. Mit dem Rauchen aufhörn – Soll. Freies Wochenende – Soll. Romantischer Nachmittag am Timmendorfer Strand – Haben! Schön. Anschließendes Abendessen, Candlelightdinner, 226 Euro, das wars wert. Nacht verbracht, die hätte man sich sparen können. Leidenschaften, Feuerwerke – Soll. Kirschblüten – Soll. Geregeltes Einkommen – Haben. Geregelten Sex – Haben. Joggen gehen – Soll. Wie läuft so Ihre Beziehung? Mehr auf ihre Kosten, mehr auf seine, wer zahlt drauf? Ach so, ganz partnerschaftlich. Aha. Schaun Sie mal in das Geheimkonto.

Die Frau mit der Jutetasche. Sie ist um die 45, vielleicht Studienrätin, ganz in Nobel-Ethno-Mix. Bequemes Schuhwerk. Sie sieht sich um.

FRAU Entschuldigung, wo haben Sie indische Räucherstäbchen?

KASSIERER Hinten links im Regal.

FRAU Danke.

KASSIERER Gleich bei den Menopausen.

FRAU !

KASSIERER Zum Beispiel das jetzt: Das war ein Witz auf ihre Kosten. Hätt man sich sparen können. Andrerseits … wenn man sichs leisten kann. *Er lacht.*

Im Hintergrund ein sehr alter Mann. Er hat eine Tüte mit einem Fotoalbum dabei. Im Laufe des Abends stellt er viele Flaschen Wasser in den Wagen. Manchmal setzt er sich in ein Regal und ruht sich aus. Bei den Kaffeekannen ein Mann mittleren Alters. Er ist alltäglich gekleidet.

KASSIERER Die Erbsen hier sind echt. Die Leute hier sind nicht echt. Das sind Imitate, ausgedacht, erfunden.

Der Mann bei den Kaffeekannen guckt irritiert.

KASSIERER Ja, du auch. Also, die Leute, die hier einkaufen, das sind, tja, Beispiele, Möglichkeiten, Werbeeinlagen, Angebote. Keiner ist neu, was ist schon neu. Kann sich keiner verstecken, kommt alles raus, so oder so. Wer mitarbeitet, hat nicht immer einen Vorteil, will sagen, wer hier Schwäche zeigt, ist nicht der Stärkere. Das ist ein Gerücht der Konkurrenz.

2. Szene

KASSIERER So, amüsieren Sie sich, Humor kann aber leider nicht als Zahlungsmittel anerkannt werden, das wär dann doch …

In einem Regal stehen mehrere identische feuerrote italienische Espressokannen. Etwas abseits, exponierter, steht eine einzelne. Sie sieht genau gleich aus. Diese Kanne nimmt der Mann.

KASSIERER … Ahh!

Der Kassierer nimmt dem Mann die Kanne weg und stellt sie vorsichtig auf eine kleine Dekosäule. Beide beobachten die Kanne aus gebührender Distanz.

KASSIERER Machen Sie da keinen Kratzer rein.

MANN Nein.

KASSIERER Das ist der Originallack.

MANN Ah. Schöne Kanne. Aber falsch ausgezeichnet. *Er lacht.* 990 000 Euro.

KASSIERER Ja, stolzer Preis.

MANN Das ist doch … Hier: auf den anderen steht 39,90.

KASSIERER Ja, die sind günstiger.

MANN Moment. Nur damit ichs verstehe. Diese Kanne kostet 40 Euro und die hier fast ne Million. Und äh … und äh … und äh … warum?

KASSIERER Das hier sind ganz normale Kaffeekannen; werden in Serie produziert. Das hier ist bisher ein Unikat. Das ist die Ferrarikanne.

MANN Ach so. *Pause.* Und äh … und äh … was ist eine Ferrari – …

KASSIERER Na was wohl. Ein transformierter Ferrari.

MANN Verstehe. Äh … Was meinen Sie mit …

KASSIERER Ein Ferrari ist ein Luxusklassewagen, der in begrenzter …

MANN Das weiß ich. Und äh …

KASSIERER Na also. Baujahr 1987, das war noch der mit …

MANN Das war ein Auto?

KASSIERER Das ist ein Auto. Es ist ein Meisterwerk! Es ist ein kompletter Ferrari. Nicht einfach irgendwo n Stück Blech aus dem Kotflügel geschnitten und den Restferrari weggeworfen – nein! Hier wurde mittels eines unglaublich komplizierten Verfahrens von Komprimieren, Verschieben, Verkleinern und kreativer Deformation aus einem Luxusauto ein ganz neues Objekt. Hier, der Griff. Sieht aus wie ein

Stück Hartgummi. Das ist die Essenz von vier Autoreifen. Nicht mehr, nicht weniger. Schauen Sie: Können Sie sich vorstellen, wie man zwei komplette Vordersitze so ästhetisch treffsicher auf diesen kleinen Knopf reduzieren kann? Das meine ich mit Meisterwerk!

Pause.

MANN Das äh ... Ja, schon verblüffend. Aber was ist mit dem Gewicht? Ein Auto wiegt mindestens ... Tonnen!

KASSIERER Ja! Ganz genau. Gerüchteweise hört man etwas über ein spezielles Quarzsandverfahren, das es ermöglicht, Masse von Materie zu trennen. Wie auch immer, sie haben es geschafft. Und das Ergebnis wiegt kein Gramm mehr als eine ganz normale Kaffeekanne!

MANN Ja, das ist äh ... also ...

KASSIERER Leicht, alltäglich und: funktional! Hier, Sie können ganz normal Ihren Kaffee daraus trinken. Und das Tollste ist: der typische Charakter eines Ferrari ist immer noch erhalten. Die Eleganz, der Schwung ... Das ist immer noch ein Ferrari, das ist kein Opel Kadett. Hier steigt der Kaffee hoch ... fffffch und ffffump in die Tasse. Extremer Wille zur Form ohne Verrat am Ursprung.

Lange Pause.

MANN Aber es fährt nicht mehr.

KASSIERER Bitte?

MANN Man kann nicht mehr damit fahren.

KASSIERER Warum sollten Sie damit fahren? Wie wollen Sie denn damit lenken?

MANN Ja, äh ... Eben.

KASSIERER Dieser Ferrari wurde extra weiterentwickelt, damit Sie Ihren Kaffee draus trinken können. Wenn Sie einen straßentauglichen Ferrari wollen, würde ich Ihnen raten, ein größeres Modell zu nehmen, eins mit Reifen, Motor, Lenkrad. Und es wär auch um einiges günstiger als das hier.

MANN Weil ja die Herstellung einfacher ist.

KASSIERER Genau.

MANN Gut, aber wenn ich damit nicht mehr fahren kann, warum sollte ich für eine Kaffeekanne so viel Geld bezahlen?

KASSIERER Wenn Sie für eine Kaffeekanne fast eine Million Euro hinlegen, glauben Sie nicht, dass Sie Ihren Kaffee dann irgendwie anders trinken werden? Bewusster, vorsichtiger, genussvoller?

MANN Ja.

KASSIERER Und darum gehts. Um ein anderes Bewusstsein für Beiläufigkeiten. Ganz alltäglichen Dingen wie Kaffeetrinken mehr Aufmerksamkeit zu geben. Glauben Sie nicht, dass es unser aller Hybris guttäte, wenn wir das Kleine, Normalere mehr wertschätzen könnten? Wenn wir wieder einen Sinn hätten für Einzigartigkeit?

Pause.

MANN Sie spinnen ja. Das Dings da spinnt auch und ich auch. Weil ich überhaupt mit Ihnen rede. Meine Frage war: Warum bezahle ich 990 000 Euro, wenn ich genau das Gleiche für 40 Euro …

KASSIERER Es ist nicht das Gleiche.

MANN Doch.

KASSIERER Gut. Ich schenke Ihnen eine. Welche wollen Sie?

MANN Ja, dann … ist doch klar. *Er will die Ferrarikanne nehmen.*

KASSIERER Halt! Das Schenken war natürlich rhetorisch. Aber warum hätten Sie die hier genommen?

MANN Ja weil … weil …

KASSIERER Weil es eben nicht das Gleiche ist. Das hier ist ein Original. Es hat eine Idee.

MANN Dass ich aus einem Auto Kaffee trinken soll.

KASSIERER Die Idee ist Transformation. Die Idee ist eine Neubestimmung von Form, Wert und Inhalt. Das macht diese Kanne besonders, und das macht sie teuer. Warum muss man es den Dingen auch noch ansehen, dass sie besonders sind? Sollen Ihre Gäste doch denken, was sie wollen. Warum sind Sie abhängig davon, was andere denken? Wenn Sie protzen wollen, nehmen Sie eine mit Diamantengriff. Das hier ist was anderes.

MANN Ja, das ist was anderes. Das ist so anders, das ist ... dekadent.

KASSIERER Hoh, das find ich doch bemerkenswert, wie Sie eine neue Idee als entartet abtun. Damit sollten Sie vorsichtig sein.

MANN Das ist ja wohl nicht wahr, Sie unterstellen mir nicht im Ernst ...

KASSIERER Ich unterstelle Ihnen gar nichts, aber Sie leben ja wohl doch in einer etwas begrenzteren Welt, wo Autos Autos sind und auch bleiben sollen. Nichts verändert sich, alles bleibt beim Alten.

Der Kassierer lässt ihn stehen.

3. Szene

MANN Das ist nicht wahr! Doch. Irgendwie schon. Ja. Reaktionär oder nicht, aber ich, ich fänds besser, wenn die Dinge ... Ich meine ... ja, das wären, was sie sind. Eben wenn ... *während er irritiert abgeht* ... ein Auto ein Auto wär, wenn ein Haus ein Haus wär und ein Baum ein Baum und fertig. Wenn Treue klar wär, die Liebe leicht wär ...

Das schwarze Mädchen. Afro-Deutsche, vielleicht Studentin. Alltäglich gekleidet. Sie fährt aus Versehen mit ihrem Wagen gegen ein Regal. Waren fallen herunter.

MÄDCHEN Das muss sich ändern.

MANN ... und eine Kaffeekanne eine Kaffeekanne!

MÄDCHEN Irgendwas muss sich ändern. Irgendwas heißt: mein Leben. *Sie sieht in eine Überwachungskamera.* Wow! Mein Leben wird verfilmt; na das muss ja spannend werden. »The big empty«. Eine Frau muss sich entscheiden. Großes Gefühlskino mit einem Megaglas Nutella – … zehn Prozent mehr Inhalt. Na also, wenigstens was. Großaufnahme Nutellaglas. Schnitt. Vier Wochen später: Sydney. Eine bildschöne elegante Frau geht an der Seite dieses gefährlichen Unbekannten zum Strand …

KASSIERER *spricht die Stimme in ihrem Kopf über das Kassenmikro.* … und das ist leider nicht die Frau mit dem Nutellaglas. Die Frau mit dem Nutellaglas sitzt vor dem Fernseher und tut sich selber leid. Tu halt was, riskier halt was, entscheid dich halt.

MÄDCHEN Mein Happy End wär gar nicht Sydney – ich würde einfach aus dem Supermarkt gehen und wüsste, was ich zu tun hätte.

STIMME Später würde ich dann sagen …

MÄDCHEN Später würde ich …

STIMME Das war dieser Moment …

MÄDCHEN Das war dieser Moment im Supermarkt …

STIMME … als auf einmal eine große Ruhe über mich kam und ich … Oh, furchtbar, ich hab so viel Klischees im Kopf.

Ein junger Mann.

MÄDCHEN Der sieht nett aus. Vielleicht bin ich nur deshalb hergekommen, weil ich den treffen soll. Vielleicht sag ich später nicht, da kam auf einmal eine große Ruhe über mich, sondern da kam auf einmal dieser Mann …

Das Mädchen hat einen spontanen Impuls. Sie wirft ihren Pumps in seinen Wagen. Es ist ihr sofort peinlich, sie nimmt ihn wieder raus. Der junge Mann guckt irritiert.

MÄDCHEN Haha, ich hab Sie verwechselt.

Pause. Sie begegnen sich wieder. Bei der Tiefkühltruhe. Der junge Mann nimmt ein Päckchen Spinat aus der Truhe.

MÄDCHEN Spinat.

DER JUNGE MANN Was?

MÄDCHEN Nichts.

Pause.

DER JUNGE MANN Klar, Spinat.

MÄDCHEN Was haben Sie verstanden?

DER JUNGE MANN Äh, Spinat.

Pause.

MÄDCHEN Ja. Ich ess keinen.

DER JUNGE MANN Nein?

MÄDCHEN Also, was heißt nie, Ausnahmen gibts immer, mein Gott, tja, Spinat ist ja so ein, Gemüse, ich meine, Spinat ist ja doch sehr, peinlich, ich mein, klar, er ist gesund, er ist grün, aber ansonsten kann er wenig, also, wenn Sie so was gerne essen, dann kaufen Sie den einfach, machen Sie ja schon, Sie haben ihn ja eh schon in der Hand … *Sie muss lachen, stirbt vor Peinlichkeit.* Entschuldigung, das wars, auf Wiedersehen.

STIMME Ganz toll. »Sie haben ihn ja eh schon in der Hand«. Der muss denken, die hats aber nötig. Es gibt nichts Unattraktiveres als eine Frau, dies nötig hat.

DER JUNGE MANN Entschuldigung, darf ich Sie was …

MÄDCHEN Ich habs nicht nötig.

DER JUNGE MANN Nein.

Pause.

MÄDCHEN Was wollten Sie fragen?

DER JUNGE MANN Ach das, war nur, ja …

MÄDCHEN Ja?

DER JUNGE MANN Also … mit wem Sie mich verwechselt haben.

MÄDCHEN Ach so, Frank, aber der … den kennen Sie nicht.

DER JUNGE MANN Wer weiß, es gibt ja manchmal so Zufälle.

MÄDCHEN Schön.

DER JUNGE MANN Ja. *Pause.* Ja, also, was, was brauche ich denn noch, ja genau, Ketchup.

STIMME Ketchup. Jetzt was Pfiffiges auf Ketchup. Kennen Sie den Film »Grüne Tomaten«? Nee, witziger. »Ketchup ist ja ... Wussten Sie, dass Ketchup ...« Äh ... nee. Herrgott, mir wird doch irgendwas Elegantes zu Ketchup einfallen ...

MÄDCHEN Ketchup passt ja gut zu Pommes.

Pause.

DER JUNGE MANN Das stimmt.

STIMME Das war jetzt so ein richtig pfiffiger Satz. Das war so originell. Das war so daneben! Aber nett sieht er aus. Paris. Rue de la hmhmhm ... kleines Zimmer mit Dachschräge. Nachts ... Er sitzt nackt am offenen Fenster und raucht, ich liege schon im Bett ...

DER JUNGE MANN Sehen Sie irgendwo Senf?

STIMME Das Flackerlicht einer Leuchtschrift fällt auf den Boden ...

MÄDCHEN So ein Kitsch.

DER JUNGE MANN Senf?

MÄDCHEN Äh ... da.

Pause.

DER JUNGE MANN Ja. Schon kitschig. Besonders mit dem roten Deckel.

STIMME Wollen Sie mit mir Kaffee trinken? Ah, oder ganz direkt: gehen wir zu mir?

MÄDCHEN Und dann?

DER JUNGE MANN Darf ich Sie ...

STIMME ... sagt er womöglich ja.

MÄDCHEN Und dann?

DER JUNGE MANN Na ja ...

STIMME Aber das ist es gar nicht, geht doch gar nicht um Sex. Es geht drum, dass einmal was passiert, wo ich nicht schon von Anfang an das Ende kenne. Etwas, das irgendwie größer ist. Entschiedener. Kompromissloser ...

DER JUNGE MANN Ja, dann … Wiedersehen.

STIMME Ich weiß selber gar nicht, was das wäre.

MÄDCHEN Wiedersehen.

STIMME … ein pelziges Gefühl, dass da was fehlt. Vielleicht eine Liebe, vielleicht auch nicht, vielleicht ein Sinn, ein Stern, ein Weiß-nicht-was …

Sie geht nach hinten. Der junge Mann an der Kasse.

KASSIERER So. Spinat, Ketchup, zweimal Bier – 7,96. Tüte?

DER JUNGE MANN Ja.

KASSIERER Und was war mit dem Mädchen?

DER JUNGE MANN Sympathisch war die … nett. Um ein Haar hätt ich sie gefragt, ob sie mit mir Riesenrad fährt. Heute ist die Kirmes zum letzten Mal, und ich hätte mir so gewünscht, einmal Riesenrad zu fahren, mit so ner schönen Frau, die ich gar nicht kenne.

KASSIERER Das haben Sie aber nicht gesagt.

DER JUNGE MANN Nein. Ich dachte, dann denkt sie, dass das nur ne Anmache ist, dass ich sie nur ins Bett haben will, und dann, dachte ich, dann muss ich auch dazusagen, es geht wirklich nur ums Riesenrad, ich will sie nicht ins Bett kriegen, und dann dachte ich, denkt sie vielleicht, dass ich sie unattraktiv finde, dann hätt ich dazusagen müssen, dass ich sie trotzdem attraktiv finde, und dann …

KASSIERER Haben Sie nichts gesagt.

DER JUNGE MANN Ja.

KASSIERER Wollen Sie wissen, was sie gesagt hätte?

DER JUNGE MANN Was?

KASSIERER Sie hätte ja gesagt.

DER JUNGE MANN Nein!

KASSIERER So, das wird dann von Ihrer Lifecard abgebucht.

DER JUNGE MANN Von meiner –?

KASSIERER Ja. Die grüne. So … Sehn Sie?

DER JUNGE MANN Ne Lücke.

KASSIERER Genau. Für jede verpasste Gelegenheit gibts ne kleine Lücke. Das wars schon, hat nicht weh getan.

DER JUNGE MANN Dann hat sie aber auch ne Lücke, sie hat sich auch nicht getraut.

KASSIERER Bei ihr wird anders abgerechnet. Anderes System. Viel komplizierter.

DER JUNGE MANN Das finde ich jetzt aber …

KASSIERER Wiedersehen.

4. Szene

KASSIERER *über das Kassenmikro* Heranspaziert, heranspaziert. Das Fließband des Glücks steht wieder bereit. Einmal vertrauen, ein Leben lang glücklich sein! Kommen Sie, genießen Sie! Die Fahrt ins Glück! Sein Sie dabei, die nächste Fahrt geht jetzt! Das Fließband des Glücks. Endorphine, Lachen, Spaß. Hier kommt schon unsere erste Freiwillige, unser Mitarbeiter steht bereit …

Eine junge Frau kommt. Sie ist sehr ordentlich gekleidet, gibt dem Kassierer einen Euro, ein Mann setzt sie auf das Kassenband. Das Band fährt los. Die junge Frau in gespannter Erwartung. Die Fahrt geht zu Ende, das Band stoppt, die Frau ist enttäuscht. Sie geht wieder zu ihrem Einkaufswagen. Alltägliche Supermarktstimmung. Der Kassierer spricht die Stimme im Kopf der jungen Frau über das Kassenmikro.

STIMME Wann das anfing, weiß ich nicht, wann fing das an. Ich bin einfach immer trauriger geworden. Ich bin nach innen eingeschneit. Leise, unbemerkt, so nebenbei. Am Anfang hab ich mich noch sehr gewundert, seltsam, ist mir wieder kalt und – so was, bin ich schon wieder müde. Am Anfang dachte ich, das geht vorbei, sieht morgen alles anders aus, sah ganz genauso aus am nächsten Morgen, übermorgen, grau. Zwischendrin dann Sonne, Tauschnee. Als das anfing in der Zeit, hab ich einiges so weggeweint. Auf einmal war die Sonne weg. Wie war das noch, wann fing das an. Ich bin einfach immer trauriger geworden. Das Weinen hat irgendwann dann aufgehört.

Ein Mann begrüßt sie. Er will nur eben Quark für seine Freundin kaufen.

MANN Hey, wie gehts?

FRAU Gut. Und dir?

MANN Susanne hat Obstquark geordert. Die Königin spricht, der Page rennt. Mann, ich will auch schwanger sein.

FRAU Gehts ihr gut?

MANN Und wie. Sie ist schon kugelrund. Gestern habe ich die Weltkugel auf ihren Bauch gemalt, und dann haben wir fotografiert.

STIMME Keiner hat da Schuld dran, mir fällt niemand ein. Ich weiß auch, dass ich nette Freunde habe, ich spürs nicht mehr, ich weiß es aber.

FRAU Wisst ihr schon, was es ist?

MANN Ich weiß es, n Junge, ganz klar, ein Vater spürt das.

FRAU Ach, du Angeber.

MANN Kommst du heut Abend zu Johannes' Party?

FRAU Ich weiß noch nicht.

Komm, wir gehn spazieren.
Also gut, wir gehen spazieren.
Komm, wir gehen ins Kino.
Also gut, wir gehen ins Kino.
Manchmal kochen wir Spaghetti,

MANN Ach komm: natürlich kommst du. Das ist ein Befehl. Das ist der Partybefehl!

FRAU Ich weiß es wirklich noch nicht.

MANN Um acht bist du da, sonst stehen um halb neun meine Schergen mit Pappnasen vor deiner Tür und holen dich.

FRAU Also gut.

MANN Ja Mensch, komm, Susanne freut sich auch so auf dich. Bis heut Abend, tschau.

FRAU Tschau.

Sie steht an der Tiefkühltruhe.

und von ganz weit weg erinnert sich in mir was, wie Spaghetti schmecken.

Wann bin ich eingeschneit? Wann bin ich gestorben? Leise, unbemerkt, so nebenbei.

Ich bin nicht an einem Stück gestorben, eher fließend, so von Tag zu Tag. Irgendwie auch ohne Angst. Ich kann mich nicht erinnern, dass ich groß erschrocken wär, dass da was war … Ich bin einfach immer trauriger geworden. Ich bin einfach irgendwann gestorben. Das ist so anstrengend, dass alle tun als ob, als ob ich noch am Leben wär.

Ein schöner Herbsttag. Die Alster ist auch schön. Zwei küssen sich, ganz jung, umarmen sich. Wie ich das sehe, gibt es in mir so eine Art Wutreflex, ein inneres Reißen, ein unterirdisches vulkanisches Grollen und für einen Moment die irrwitzige Hoffnung, dieser Reflex, das Beben könnte sich vergrößern, mich aus mir herausschleudern, mich in die Alster werfen, und ich würde um mein Leben schwimmen. Das Wasser wär so kalt, dass mein Herz vor lauter empörter Überraschung wieder schlagen würde, müsste. Auf einmal wären alle Vitalreflexe wieder da. Ich würde ganz laut schreien, vor Todesangst, vor Glück. Wenn ich es schaffen würde bis zum anderen Ufer, wüsste ich, ich hätte mir selber das Leben gerettet. Die Teenies küssen sich. Ich geh weiter. Der Reflex hat nicht gereicht. Bis zu meiner Beerdigung habe ich noch Zeit. Vielleicht sogar noch 30 Jahre. Lieber Gott, lass es nicht so lang sein.

Sie legt ihren Einkauf auf das Kassenband.

KASSIERER So. Was soll das? Blümchen, Sekt und ein gefrorenes Herz. Haben Sie ja ne schöne sentimentale Zusammenstellung. So, 18 Euro die Blümchen, das hier 4,85 und der Sekt – Für was brauchen Sie denn Sekt? Wolln Sie nicht lieber ne Packung Schlaftabletten?

FRAU Hab ich noch.

KASSIERER 46,25 und den Bon. Mensch, sind doch noch so jung, haben noch das Leben vor sich, gehen Sie mal unter Leute. Wollen Sie ein Wursträdchen?

FRAU Was?

KASSIERER Scheibe Wurst, na?

FRAU Nein, danke.

KASSIERER Ja, muss ja nicht. Schönen Abend mit sich selber.

5. Szene

Das schwarze Mädchen ist mittlerweile bei den Kosmetika. Sie kann sich nicht für die richtige Seife entscheiden. Die Frau mit der Jutetasche, die am Anfang nach den Räucherstäbchen gefragt hat, beobachtet sie.

FRAU Kann ich Ihnen helfen?

MÄDCHEN Bedienen Sie hier?

FRAU Nein, aber wenn Sie Hilfe brauchen …

MÄDCHEN Vielen Dank. Ich guck nur so … nach Seife.

FRAU Sie brauchen sich nicht zu entschuldigen.

MÄDCHEN Für was?

FRAU Wissen Sie, ich finde das unverschämt, dass man Sie so ganz allein hier stehen lässt. Ich hol jetzt den – Hallo! Die Dame hier möchte bedient werden!

MÄDCHEN Lassen Sie, das ist in Ordnung, ich komm zurecht.

FRAU Das ist nicht in Ordnung. So fängts an, das ärgert mich.

MÄDCHEN … Ja.

FRAU Was suchen Sie denn für eine Seife?

MÄDCHEN Ich glaub, ich nehm die.

FRAU Was haben Sie da? Nein. Die ist mit Tierversuchen, die dürfen Sie nicht nehmen. Die probieren das an Kaninchenaugen aus. Das Kaninchen wird mit dem Kopf fixiert, so dass es sich nicht mehr bewegen kann, die Augenlider hochgezogen, und dann träufeln die da Seife in die Augen, das muss man sich mal vorstellen, Augen sind so was Empfindliches, ich nehm gar keine Seife mehr, seit ich weiß, dass sie auch Hunde und Katzen … Ich hab selbst zwei Katzen, die kann ich nicht mehr rauslassen. Wenn ich mir vorstelle, dass meine Lola in so einen … Gasofen! … und ich ruf noch jeden Morgen »Lola!«, ob sie vielleicht wiederkommt, und dann geh ich ins Bad und nehm die Seife … *Sie weint hemmungslos.* Entschuldigen Sie, aber da kommen solche Gefühle … *Pause.* … und vorgestern dann noch dieser Film über das Dritte Reich, wo sie … wo sie … da haben sie gezeigt, wie Seife …

MÄDCHEN Ja, entsetzlich. Ich bin nur … Ich muss mich ein bisschen beeilen.

FRAU Schauen Sie hier, die ist gut, »Fair Trade«, ökologisch, und damit unterstützt man ein Projekt für indische Straßenkinder. Nee, afrikanische, na ist ja egal. Hier, die können Sie nehmen. Diese Straßenkinder leben in Slums, nehmen Drogen und gehen schon mit sechs Jahren auf den Strich. Aber wem erzähl ich das …

MÄDCHEN Was soll das denn heißen?

FRAU Das heißt, man kann was tun, jeder. Hier, Kaffee. Ich kann doch nicht Kaffee, der von Kindern gepflückt ist, in mein Care-Paket für Bosnien tun, das ist doch …

MÄDCHEN Ja, das ist absurd.

FRAU Genau, absurd. Das ist das richtige Wort. Wie sagt man »absurd« in Ihrer Sprache?

MÄDCHEN Ähm, ja, wie sagt man für absurd in meiner … »widersinnig«?

FRAU Wie? Wider… ach, ja, »widersinnig«. Sie sprechen ja unglaublich gutes Deutsch. Wissen Sie was? Ich kaufe Ihnen die Seife.

MÄDCHEN Das ist wirklich nett von Ihnen, aber …

FRAU Doch, die kauf ich Ihnen jetzt! Als kleine Wiedergutmachung, damit Sie wissen, es sind nicht alle so. Wenn Sie wieder mal angepöbelt werden, wissen Sie, es gibt auch andere.

MÄDCHEN Ich kann mir meine Seife wirklich selber –

FRAU Vor zwei Tagen, in Magdeburg: junges Mädchen, so wie Sie, auch ne Ausländerin …

MÄDCHEN Ich bin keine –

FRAU … auf offener Straße zusammengeschlagen. Das ist nicht auszudenken. Studieren Sie?

MÄDCHEN Ja, ich –

FRAU Sehen Sie, das ist gar nicht drin in den Köpfen der Leute. Was studieren Sie?

MÄDCHEN Anthropologie.

FRAU Das ist richtig, das sollten alle studieren. Die Wissenschaft vom Menschen. Wir brauchen Verständnis füreinander. Ich find das so toll, dass Sie studieren und so … Sagen Sie, haben Sie Lust, mit mir einen Kaffee trinken zu gehen?

MÄDCHEN Nein, tut mir leid, ich habs wirklich eilig.

FRAU Ich würd Sie einladen.

MÄDCHEN Wirklich nett.

FRAU Ich denk mir halt, dass man so die Gelegenheit zu einem … Dialog … Das ergibt sich nicht so oft. Wenn Sie möchten, geb ich Ihnen meine Telefonnummer. Dann können Sie mich anrufen, wenn Sie ein Problem haben. Oder einfach so mit jemandem sprechen wollen. Das ist meine

Privatnummer. Und das hier ist die Nummer von der Aidshilfe, die geb ich Ihnen auch.

MÄDCHEN Was?

FRAU Da bin ich mittwochs und samstags am Vormittag zu erreichen.

MÄDCHEN Ach so, vielen Dank.

FRAU Die Seife.

MÄDCHEN Nein, wirklich, nein. Machen Sie doch jemand anders damit eine Freude. Jemand, der die Seife nötiger braucht … Schaun Sie, bei mir sieht man den Schmutz ja eh nicht so.

Pause. Dann lacht die Frau hemmungslos.

FRAU Das find ich gut, wie Sie da so mit Humor umgehen! Das fehlt uns Deutschen ja so, der Humor. Das Lachen kann so was Verbindendes haben. Ich würd mich freuen, wenn Sie mich besuchen.

Das Mädchen lässt sie stehen. Die Frau spricht trotzdem weiter, geht zur Kasse, der Kassierer ignoriert sie, sie legt das Geld hin, muss sich selber eine Tüte nehmen.

FRAU Wir könnten was zusammen kochen. Rufen Sie einfach an. Ach was, Sie brauchen auch nicht anzurufen, Sie kommen einfach vorbei. Ich würd mich wirklich freuen, man trifft ja selten so nette, aufgeschlossene Menschen, die sich interessieren. Meistens interessieren sich Leute ja nicht so sehr für andere, denen es nicht so gut geht. Das ist leider dieser Egoismus heutzutage, Geld, Drogen, Internet – Dabei wärs so viel wichtiger, dass man sich wieder begegnet und sich gegenseitig so das Gefühl gibt, dass man nicht ganz allein ist auf der Welt. Ich würd mich freuen …

Ab.

KASSIERER Ja, schon schlimm. Da geht sie hin mit ihrer Seife und versucht die Welt zu retten. Sie kommt nicht mal bis zum Bürgersteig. Hat sich schon aufgelöst in Nichtbeachtung, existiert nicht mehr. Das weiß sie gar nicht, muss man ihr auch nicht sagen. Is doch auch nicht tragisch, wer ist schon echt? Wer weiß schon, wie er wirklich ist, wenn er keine Aufgabe hat, keine Rolle spielt, keine Projektion erfüllen muss. Das ist wohl der Grund, warum sich alte Frauen aus ihren Gallensteinen Halsketten machen, als Beweis, dass es sie gibt. »Das war in mir drin, also gibts mich.«

MÄDCHEN *hat einen spontanen Impuls. Sie nimmt eine sehr echt aussehende Spielzeugpistole.* Hands up, everybody, this is a robbery! Any of you motherfuckers ... move and äh ... I will execute every ... motherfucking ... äh ... one of you –

Die Leute sehen sie konsterniert an. Peinlicher Moment.

KASSIERER Pulp Fiction. So viel zum Thema echt.

6. Szene

Ein Mann mittleren Alters geht durch die Regalreihen. Er kann ein bisschen seltsam gekleidet sein, aber auf keinen Fall verwahrlost oder verrückt. In seinem Einkaufswagen hat er Schwefelsäure, Draht und einiges andere. Er probiert verschiedene Eisenstangen aus. Ein Mann sieht und ignoriert es. Eine junge Frau, die zufällig vorbeikommt, fährt ihm aus Versehen mit dem Wagen in die Hacken.

JUNGE FRAU Entschuldigung. *Sie bemerkt das Sortiment in seinem Wagen.* Sagen Sie, Sie wollen nicht zufällig jemand umbringen?

MANN Sieht das zufällig aus?

JUNGE FRAU Nein.

MANN Also.

JUNGE FRAU Also was?

MANN Also ja. Oder für was braucht man Klebeband, ne Eisenstange, Draht und Schwefelsäure ...?

JUNGE FRAU *lacht.* Klar. *Sie geht weg. Kommt aufgebracht wieder.* Ich wollte Ihnen nur sagen, das war ein wirklich blöder Witz.

MANN Sie müssen nicht lachen.

JUNGE FRAU Ich lach auch nicht. Aber Sie können schon verstehen, dass ich das Sortiment ein bisschen seltsam finde, was Sie sich da zusammenstellen. Und da kann ich Sie doch wohl einfach fragen.

MANN Ich habe Ihnen eine klare Antwort gegeben, und jetzt wissen Sie nicht, ob Sie mir glauben sollen. Tja, das ist das Problem. Keiner weiß mehr, was man noch glauben kann und was nicht, weil eh alle lügen. Letztes Jahr sagt mein Chef zu mir Personaleinsparungen und so, und er kann mich nicht kündigen, will er auch gar nicht, aber wenn ich von mir aus kündige, und das verspricht er mir, nur für ein halbes Jahr, kann ich danach gleich höher einsteigen, das sagt er mir verbindlich zu. Schaut mir ins Gesicht und lügt mich an. Wollte mich aus dem Vertrag raushaben.

JUNGE FRAU Ja gut, mieser Trick, aber so was weiß man doch. Wenn Sie sich überreden lassen zu kündigen.

MANN Also hab ich jetzt was falsch gemacht.

JUNGE FRAU Na ja, es war zumindest nicht klug, Sie hätten damit rechnen müssen.

MANN Falsch. Ich erwarte, dass jemand Wort hält. Das ist der kleinste gemeinsame moralische Nenner, den ich erwarte. Und wer mir das verweigert, ist für mich nicht mehr ernst zu nehmen – als Mensch.

JUNGE FRAU Aber das ist doch kein Grund, jemanden umzubringen.

MANN Für mich schon.

JUNGE FRAU Aha. Und wenn heute der russische Staatspräsident seine Schulden nicht mehr zurückzahlen kann, gibts ab morgen Krieg, ja?

MANN Ich weiß nicht, ich hab keine Verabredung mit dem russischen Staatspräsidenten. Ich hatte eine mit meinem Chef.

JUNGE FRAU Ja, so wirds Leben einfach.

MANN In manchen Dingen, ja.

JUNGE FRAU Da steht Terpentin, kriegen Sie die Blutflecken mit raus.

MANN Es wird keine Blutflecken geben.

JUNGE FRAU Sie machen das nicht zum ersten Mal.

MANN Das erste Mal war schrecklich. Wir hatten überhaupt nur eine einzige Sache ausgemacht: dass wir uns nicht anlügen. Ich hatte ihr von meinem Vater erzählt, der mich auch angelogen hat, wie er mich zu meiner Tante brachte. Nur für die Sommerferien. Ich hab wirklich geglaubt, nur für die Sommerferien, weil er auch sagte, nur für die Sommerferien, im September holt er mich. Das hab ich ihr alles erzählt, und wir haben uns versprochen, dass wir uns die Wahrheit sagen, egal was es ist. Als dann dieser Moment war, nachts, wo ich sie gefragt habe, was das ist mit ihr und dem Fotograf, da war sie schon mit dem heimlich im Urlaub gewesen. Und als sie mir dann, nachts, in die Augen sieht und sagt, »ich schwör dir, ich hab den seit Monaten nicht gesehen«, das war der Moment, wo sie wie durch eine Tür einfach wegging. Aber sie hatte ihren Körper nicht mitgenommen, der immer noch neben mir lag, mich umarmte, mit dem ich noch verzweifelt schlief. Ich wollte, dass sie ihren Körper auch mitnimmt. Na ja, das war dann tatsächlich mit Blutflecken.

Das etwas entfernt stehende schwarze Mädchen hat einen spontanen Impuls. Sie überlegt es sich anders, stößt etwas aus Versehen vom Regal. Der Mann bemerkt es. Pause.

MANN Ich verstehs nicht. Ich hab nie verlangt, dass sie mich liebt bis ans Ende unserer Tage. Aber dass der Mensch, den man liebt, einfach zu faul ist, mir die Wahrheit zu sagen, das war der Moment, als die Tür ins Schloss fiel. Das nächste Mal saß ich in einer Bar, da setzte sich, ja, so ein Geschäftsmann zu mir und sagte –

JUNGE FRAU Nein! Ich wills nicht wissen!!

MANN Warum fragen Sie, wenn Sie keine Antwort wollen?

JUNGE FRAU Das ist doch Wahnsinn, das ... das ... Wo ist die Fernbedienung?

KASSIERER Keiner ist perfekt.

Mittlerweile hören mehrere Leute mehr oder weniger heimlich zu. Man isst Popcorn.

MANN So viele warens auch wieder nicht. Und finden Sie es wirklich psychopathisch, auf Abmachungen zu bestehen?

JUNGE FRAU Nicht vom Gedanken, aber in der Konsequenz.

MANN Warum mach ich mir dann überhaupt Gedanken?

JUNGE FRAU Vielleicht fangen Sie an, nicht nur in Hauptsätzen zu denken. Der Himmel ist blau. Heinz trinkt Bier. Der Große haut den Kleinen.

MANN Ich habe keinen Job mehr.

JUNGE FRAU Ja, sicher, das ist schlimm, und ich kann mir vorstellen, dass Sie verzweifelt sind.

MANN Ich bin nicht verzweifelt. Ich finde einen neuen Job.

JUNGE FRAU Warum tun Sie das dann? Das ist Mord!

MANN Es gibt zwei Möglichkeiten: Entweder ich sage, ich glaub nichts mehr, niemand. Aber in so einer Welt will ich nicht leben. Oder ich sage, ja, ich glaub das, ich verlass mich drauf. Aber wenn das nicht funktioniert, muss es Konsequenzen geben. Und zwar nicht nur gedanklich.

JUNGE FRAU Das ist doch Hollywood.

MANN Wie oft denken Sie wirklich über Moral nach?

JUNGE FRAU Na ja, ... manchmal ... gut, selten.

MANN Das Problem ist doch: Moral ist nur für Leute mit Moral. Und deshalb ein unsicheres System, das immer dann verliert, wenns greifen sollte. Wenn was aus dem Ruder läuft. Das ist, wie wenn auf dem Garantieschein steht: Die Garantie für den Mixer besteht so lange, wie der Mixer funktioniert. Wir lügen uns nicht an, funktioniert so lange, bis einer lügt. Und dann? Das ganze Ding mit der Moral ist nicht mehr als so ein Verein der Gutmütigen, wo man jederzeit die Mitgliedschaft kündigen kann. Was soll das?

Er geht mit seinem Wagen zur Kasse, die Frau hinterher.

JUNGE FRAU Aber das ist doch nicht wahr! Ich mein, es gibt Gesetze, und das stimmt nicht, dass jeder machen kann, was er will!

MANN Nicht jeder, nur die mit Geld.

JUNGE FRAU Ach, so stimmt das auch nicht, dass Moral heute nichts mehr gilt. Es gibt Leute, die für ihre Überzeugung sterben!

MANN Mein Chef zum Beispiel.

Der Kassierer beginnt zu kassieren.

JUNGE FRAU Ja, gut, dann weiß ich auch nicht mehr. Dann wissen Sie ja, wie die Welt so ist. Was soll ich da noch sagen, Sie sind komplett wahnsinnig. Ich hab als Kind auch Robin Hood geguckt. Natürlich tun Sie nur den Bösen was, und wenn Sie einen umbringen, haben Sie wahrscheinlich grüne Strumpfhosen an! Das ist doch alles nicht wahr!

KASSIERER 176,20. Bon?

MANN Sehn Sie, das mein ich. Zum Beispiel wir jetzt. Moralkodex ist: Bring keine Leute um. Ich sage, für mich gilt das nicht mehr, ich stehe in diesem Punkt außerhalb des gängigen Systems, und schon sind Sie völlig hilflos, haben Hektikflecken und absolut nichts in Ihrem moralischen Repertoire, das mich stoppen könnte.

JUNGE FRAU Ich rufe die Polizei an.

MANN Ich frage, was Sie mir entgegenzusetzen haben, nicht die Polizei. Außerdem, Sie haben in diesem Moment die Polizei nicht zur Verfügung, Sie müssen anrufen, daran werde ich Sie hindern.

Pause.

JUNGE FRAU *fängt an, sich auszuziehen.* Wollten Sie nicht noch was erledigen? … Schade.

MANN Was halten Sie von mir, seh ich aus wie jemand, der so primitiv ist?

JUNGE FRAU Sie sehen aus wie jemand, der mir schon seit ner ganzen Weile zusieht, obwohl er was ganz Dringendes zu erledigen hat. Und ich muss sagen, es gefällt mir. *Zu den Leuten* Ich tus für einen guten Zweck. *Zu dem Mann* Hat schon mal jemand für Sie im Supermarkt gestrippt?

MANN Nein.

JUNGE FRAU *macht weiter.* Glauben Sie, dass ich eine ungewöhnliche Frau bin?

MANN Ja.

JUNGE FRAU Wollen Sie mich kennenlernen?

MANN Ja.

JUNGE FRAU Es geht nur heute. Es geht nur jetzt. Mögen Sie Spaghetti?

MANN Haben Sie keine Angst vor mir?

JUNGE FRAU Doch. *Sie zieht sich hastig wieder an.* Und ich frage mich auch, ob ich verrückt geworden bin. Ich hab Sie grade zum Essen eingeladen. Sie haben Leute umgebracht. Ich nehm Sie nach Hause mit. Ich bin wahnsinnig. Aber ich bin auch hellwach, wie selten. Ich war schon lange nicht mehr so wach. Ja, ich tus, ich nehm Sie mit nach Hause. Vielleicht drehen Sie komplett durch und bringen mich auch um.

MANN Nein.

JUNGE FRAU Und das ist das Allerverrückteste, dass ich Ihnen das glaube.

MANN Wenn ich mit zu Ihnen komme, rufen Sie dann die Polizei?

JUNGE FRAU Nein.
MANN Ist das eine Abmachung?
JUNGE FRAU Ja. Sie versprechen mir auch was.
MANN Was?
JUNGE FRAU Sie gehen nicht in mein Badezimmer.
MANN Warum?
JUNGE FRAU Sie werden mein Bad nicht betreten.
MANN Warum nicht?

Pause. Ein Hai durchschwimmt die Gefriertruhe.

MANN Gut, ich geh nicht in Ihr Bad.
JUNGE FRAU Das ist auch eine Abmachung.

Sie gehen sehr langsam ab, ohne sich aus den Augen zu lassen.

7. Szene

KASSIERER *über das Kassenmikro mit Blick auf die Abgehenden* In unserer Heimwerkerabteilung: schallisolierende Schaumstoffbeläge! Wenns mal etwas lauter wird, da kriegt die Nachbarschaft nichts mit. Schallisolierende Schaumstoffbeläge, kinderleicht angebracht, kinderleicht entfernt, schallisolierende Schaumstoffbeläge. In der Fleischtheke: Geflügel jeder Art, frisch vom Hof. Innereien, frische Leber, für jeden was dabei. Probieren Sie auch unsere neue Joghurtsorte Ingwer-Marsala, probieren Sie Ingwer-Marsala! Auch für das kleine Fräulein, das so tut, als ob sie mich nicht hört.

Das schwarze Mädchen guckt. Sie steht jetzt vor dem Joghurtregal.

KASSIERER Probiern Sie den, Ingwer-Marsala, ganz neue Sorte.
MÄDCHEN Aha, Ingwer-Marsala, schon speziell.
KASSIERER Sensationell.
MÄDCHEN Ja, probier ich den. Danke. *Sie nimmt den Joghurt.*

Pause. Irgendwie ärgerts mich. Schwatzt mir einen Joghurt auf. Nö, so nicht. Vielleicht hätt ich mir genau den Ingwer ausgesucht, aber so, nö, ich denk nicht dran. Ich muss das nicht mehr. Ich muss mir nicht mehr von irgendjemand sagen lassen, welchen Joghurt ich essen soll. Himbeer ist doch gut, oder hier, Heidelbeer – hab ich als Kind immer gegessen und mit Milch verdünnt, damits mehr wird, weils besonders war. Das heißt natürlich nicht, dass, wenn man Heidelbeer als Kind gegessen hat, man den sein ganzes Leben essen muss. Ich muss gar nichts mehr, ich denk nicht dran. Ich kann irgendeinen Joghurt essen, irgendeinen, und ich kann es. Man greift ins Regal, holt sich einen, Banane, na, Banane grad nicht. Maracuja-Zimt, warum nicht, kenn ich nicht, Maracuja-Zimt, probier ich den, ist doch egal, ist doch nicht so wichtig. Natürlich ist es wichtig. Dieses Gefühl, ich steh auf dem Mittelstreifen einer Autobahn und kann nicht rechts, nicht links, das Gefühl kommt nicht über Nacht. Irgendwo fängt das an, das Leben abgeben, das fängt im Kleinen an, dass man nicht mehr selbst entscheidet. Und wenns egal ist, Maracuja-Zimt oder Birne-Müsli, gut, kann ich auch gleich was andres nehmen, warum nicht, Eis, hier Pudding, ist doch egal, Erdbeerquark, Hüttenkäse aus Taiwan! Ja, kann man, muss man nicht, egal, ich weiß noch nicht mal, wo Taiwan liegt! Ist da nicht grade Krieg? Egal. Was ist das? … Mit linksdrehender … ja, ich dreh auch gleich, Schluss! So, ich nehm Himbeer, nein, doch diesen Dings-Marsala, dann hätt ich ihn auch gleich … Schluss! So den hier … Banane! Wieso soll ich einen Joghurt … Schluss! Obwohl ich Banane nicht … Schluss! Du nimmst jetzt … Schluss! Irgendeinen verdammten, ich nehm nicht irgendeinen … Schluss! Schluss! Nehm irgendeinen Joghurt, hab irgendeinen Lover, mach irgendeinen Job, ja! in irgendeinem Büro und tippe andrer Leute Gedanken ab … Schluss!

Ich bin ganz ruhig! Erdbeer, Heidelbeer, Vanille. Schluss! Ruhig, Meeresrauschen!! Atmen!! Zitrone, ja sind wenigstens Vitamine drin. Aber es geht ja nicht um Vitamine, dann kann ich mir gleich eine Zitrone kaufen, wenns um Vitamine geht. Um was gehts denn? Es geht drum, dass ich mich entscheide, einfach entscheide …!!!

HYSTERIKON. Musik: ›Mary Schneider yodelling the classics‹. Das Mädchen schreit wie ein screamgirl. Sie tut den Joghurt in den Wagen und noch einen und noch einen. Wirft sie wieder zurück ins Regal. Die anderen drehen auch durch. Eine Frau kommt mit ihrem Einkaufswagen herein und rempelt dabei gegen die Regale. Der Kassierer haut ihr vor der Kasse auf den Hintern, sie schlägt zurück. Ein Mann packt sich den Wagen randvoll mit Duschgel, geht zur Kasse. Der Kassierer ist ebenfalls hysterisch. Der Mann klemmt dem Kassierer die Nase ins Fließband. Ein Upperclasspärchen beschimpft sich wüst usw. … Sie starrt ins Joghurtregal.

MÄDCHEN *starrt ins Joghurtregal.* Okay. Ganz spontan. So aus dem ersten Impuls.

Sie will ins Regal greifen und greift aus Versehen in einen Mann, der gerade vorbeigeht. Vielleicht ein erfolgreicher Jungmanager, ganz in Armani. Sie ist überrascht, lässt ihn aber trotzdem nicht los.

MÄDCHEN Ah.

MANN Ja?

MÄDCHEN Entschuldigung, das war so ein … Impuls.

MANN Ja?

MÄDCHEN Ich wusste nicht, welchen ich nehmen sollte, und ich dachte, ich nehm den Ersten, der mich anlacht.

Der Mann lacht sie an. Eine Frau ganz in Gucci, älter als der Mann. Sie ist seine Freundin.

FRAU Tja, und dann haben Sie gleich ne Niete gezogen. Schau mal, Ingwer-Marsala. Kriegt man wahrscheinlich ne Erleuchtung von. 230 Kalorien, so viel passen gar nicht in den Becher.

MANN *zu der Frau* Nicht den mit den Kirschen.

FRAU Wieso nicht?

MANN Der übersäuert.

FRAU Quatsch, ich ess den immer.

MANN Eben.

Der Mann und das Mädchen halten Händchen, erfinden die Liebe neu.

FRAU Sie können mich jetzt spießig finden, aber wenn Ihr Impuls vorbei ist, könnten Sie meinen Freund auch wieder loslassen.

MÄDCHEN Ja. Ich weiß nicht, ich … Nein.

FRAU Wie?

MÄDCHEN Nein, ich möchte ihn nicht loslassen. Ich wollte einen Joghurt, und auf einmal halte ich mein Glück in den Händen.

FRAU Ach du großer Gott! Vorschlag zur Güte: Hier, wir tauschen. Sie haben Ihren Joghurt, ich nehm meinen Freund wieder mit, und wahrscheinlich haben Sie das bessere Geschäft gemacht. *Pause.* Richard, mein Schatz, du musst dich jetzt entscheiden, ob du mit mir heimgehst oder mit der Dame hier, die dich mit einem Joghurt verwechselt, noch ein Stündchen vor dem Kühlregal verbringen willst. Komm jetzt bitte, oder ich kauf in der Zwischenzeit ein neues Wohnzimmer. *Sie geht weg. Kommt wieder.* Kannst du mir sagen, was das soll?! Ist das komisch, oder was? Hab ich irgendwas nicht ganz verstanden? Kann es sein, dass wir eine Beziehung haben? Du lässt jetzt diese Frau los!

MANN Geh weg. *Pause.* Lass uns in Ruhe.

FRAU Das ist nicht dein Ernst, ich bin deine Freundin. Sag was!

MANN Wir sind seit vier Jahren zusammen. Ich reparier das

Waschbecken, du gießt die Bonsais. Ich bring das Altglas weg, du denkst dran, dass die Milch im Kühlschrank steht. Wir haben überdurchschnittlich viel Sex, wir streiten selten, lachen selten. Wir mögen beide guten Rotwein. Wir haben ein Haus in Südfrankreich. Und heute Morgen beim Frühstück dachte ich, wenns aus wär mit uns beiden, was würde mir dann fehlen? Und ich dachte, mir würde zum Beispiel deine Klarheit fehlen, dein unsentimentaler Blick auf die Dinge. Die Sushis, der Sex. Doch, mir würde schon was fehlen. Aber nichts, was unersetzbar wäre.

FRAU Das hast du nicht gesagt.

MANN Das habe ich gesagt. Das heißt nicht, dass ich nicht gern mit dir zusammen bin.

FRAU Aber letztendlich ist es dir egal.

MANN Letztendlich ist es mir egal.

Hysterischer Ausbruch der Frau. Sie macht sich über eine Chipstüte her.

MANN Sei doch leise. Warum störst du uns. Du siehst doch, dass wir träumen.

FRAU Ach so? Und woher weiß ich, dass das nur ein Traum ist?

MANN Wär ich sonst so ehrlich zu dir?

FRAU Das will ich nicht hoffen. Ja, wir wollen eben mal was für den Abend einkaufen, auf einmal steh ich in meinem persönlichen Alptraum und hab keine Ahnung, wann ich aufwache. Um sechs sind wir zum Essen eingeladen, ich sags nur. *Pause.* Das ist doch echt bescheuert. Ich mein, wenn schon der Aufwand mit dem Traum, kannst du alles träumen! Sie kann dir einen blasen, hier vor allen Leuten, du kannst sie mit einer Salami vergewaltigen, stattdessen hältst du Händchen und siehst aus wie ein Depp.

MANN Ich sage zu ihr, dass ich sie liebe. Sie sagt, dass sie mich liebt.

FRAU Und ab jetzt, mein Schatz, geht jeder Schritt in Richtung Einbauküche.

MANN Wir gehen nicht, wir bleiben stehen. Wir ziehen den Moment der Einzigartigkeit um uns als magischen Kreis.

FRAU Das glaubst du dir doch selber nicht. Du kannst nicht so was sagen, »Moment der Einzigartigkeit«, ohne dass es dir peinlich ist.

MANN Du kannst uns gar nichts. Das ist mein Traum!

FRAU Du hast ihn schon verraten.

MANN Das hab ich nicht.

FRAU Du hast mich mitgeträumt.

MANN Hör auf.

FRAU Ich solls kaputtmachen, dann warst dus nicht selber. Du bist sogar im Traum noch klein.

MANN Geh weg.

FRAU Ja, schmeiß mich raus! Ist doch dein Traum!

MANN Geh weg!

FRAU Gut, ich geh. Du wirst sofort aufwachen. Wie lange kannst du im Supermarkt stehen und an die große Liebe glauben, wie lang kannst du das? Es ist dir jetzt schon peinlich.

MANN Nein. Nein!

FRAU Es ist auch peinlich, es ist pubertär. Sag was. Schmeiß mich raus! Letzte Chance. Gleich sagt sie, sie will ein Kind von dir.

MANN Wir haben eins. Ein schönes, unversehrtes Kind. Wir haben es gerade gezeugt. Eben, als du deine Zigarette angezündet hast, haben wir ein Kind gezeugt. Wir haben es versteckt, das findest du nicht. Weck mich doch auf, du findest es trotzdem nicht. Es wird so lang schlafen, bis es selber wach werden will. Und es wird so lang im Traum beschützt sein, bis es sich selbst der Welt zeigt. Und es wird alles tun …

FRAU … was du nicht hinkriegst.

MANN Ja. Es hat keine Angst vor Größe oder Schönheit.

Pause.

FRAU Ich habe das Kind schon gefunden.

MANN Du lügst.

FRAU Es ist auf unserem Dachboden. Es liegt in der alten Weihnachtskrippe.

MANN Lass es in Ruhe!

FRAU Es ist in Ruhe, es ist vollkommen ruhig. Schau genau hin, es atmet noch nicht mal. Es sieht aus wie eine Puppe. Es ist eine Puppe. Eine kleine, kalte Puppe.

MANN *weint.* Du bist gemein! Warum kannst du nicht einmal, nicht einmal über deinen Schatten springen, einmal was gelten lassen, was nicht mit Gucci anfängt und mit Party endet? Warum kannst du nicht einmal sagen …

FRAU Warum träumst du mich nicht anders? Warum träumst du mich als böse Hexe? Dankeschön! Warum muss die andre Frau dabei sein? Wir haben grad ein Kind gezeugt! Schön, und was soll ich dann noch? Wär vielleicht auch mal einen Versuch wert gewesen, dass wir zwei … Bitteschön, ich geh, ihr könnt ein neues machen, ich stör euch nicht. Ich kauf in der Zwischenzeit das Wohnzimmer!

Sie geht. Das Mädchen lässt den Mann los. Der Traum ist vorbei.

MÄDCHEN Entschuldigung, das war so ein Impuls. Ich wusste nicht, welchen ich nehmen sollte, und …

MANN Ich kenn das.

MÄDCHEN Ja?

MANN Ja. Das ist dieses Gefühl, wenn sich alles so egal anfühlt.

MÄDCHEN Und was machen Sie dann?

MANN Ich nehm Erdbeer.

MÄDCHEN Und dann gehts Ihnen besser?

MANN Manchmal.

MÄDCHEN *nimmt auch Erdbeer.* Stimmt.

Sie lächeln. Der Mann geht an die Kasse.

MANN Ich hab nur …

KASSIERER Schon abgebucht. Auf ihrer Personal Dreamcard bleiben noch 388 Punkte.

MANN Ist das viel?

Der Kassierer lacht ihn aus.

MANN Wie viel ist das?

8. Szene

An der Kasse hat sich eine Schlange gebildet. Ein Kunde packt seine Einkäufe in eine Tüte.

KASSIERER 23,40.

Der Kunde bezahlt und packt seine Einkäufe weiter ein. Der Kassierer nimmt ein Tütchen und legt es dazu.

KUNDE Was ist das?

KASSIERER Scheißetütchen.

Pause.

KUNDE Aber das hab ich nicht gekauft.

KASSIERER Natürlich nicht, wer kauft das schon? Niemand kauft das, das kriegt man so.

KUNDE Was soll ich damit?

EINE FRAU Nicht aufmachen.

KUNDE Warum krieg ich das, warum die nicht?

KASSIERER Weil Sies angenommen haben.

KUNDE Ach so. *Will es zurückgeben.*

KASSIERER Zu spät.

EINE FRAU Nehmen Sie das jetzt bitte, andre Leute wollen auch zahlen.

KUNDE Moment mal, das ist doch …

KASSIERER Wiedersehen.

MÄDCHEN Ich hab nur das Nutella. Kann ich eben …

EINE FRAU Nein, können Sie nicht.

MÄDCHEN Ja, ist ja gut, ich hab ja nur gefragt.

EINE FRAU Immer dieses Kann-ich-mal-eben. Kann ich mal eben Ihr Handy benutzen, kann ich mal eben duschen, kannst du mich grad mal zum Bahnhof fahren, kannst du mir eben Geld leihen, darf ich ganz kurz …

MÄDCHEN Das brauchen Sie nicht an mir auszulassen, kann ich doch nichts dafür.

EINE FRAU Kann keiner was dafür, und Sie drängeln sich nicht vor!

MÄDCHEN Sie sind ja echt frustriert.

EINE FRAU Halt die Klappe, du Drecksau.

MÄDCHEN Was haben Sie zu mir gesagt? Was haben Sie zu mir gesagt!

EINE FRAU *schreit.* Und dann kann keiner was dafür! Kann nie einer was dafür! Erschießt mich halt!

MÄDCHEN Sie sagen nicht Drecksau zu mir! Und ich sag Ihnen was, ich zeig Sie an! Was kann ich dafür, dass Sie schlecht gefickt sind!

EINE FRAU Macht mich doch tot! Dann ist Ruhe, dann sind alle glücklich, dann können alle vor, muss sich keiner hinten anstellen!

MÄDCHEN Kann ich mein Nutella zahlen! Ich will einfach mein Nutella zahlen!! Ich will einfach nur mein Nutella zahlen, einfach ganz normal!!! 2 Euro 99, einfach mein Nutella zahlen!!!! *Sie dreht durch.*

Pause.

EINE FRAU *freundlich* Ich sehe grad, Sie haben nur das Nutella. Möchten Sie vor?

MÄDCHEN Ach, das ist nett, danke.

EINE FRAU Bitte.

9. Szene

Bei den Zeitungen ein junger Mann. Der Kassierer spricht den Text des Therapeuten über das Kassenmikro.

JUNGER MANN Ich schlafe. Ich stehe auf. Ich geh ins Bad. Augen, Ohren, Nase. Alles da. Alles da wie gestern. Ich bin 27, seh gut aus, es geht mir gut. Kaffeekochen, Zeitunglesen. »Totes Kind in Mülltonne entdeckt«. Ruf ich Dr. Vetter an. Der ist genervt, es ist halb acht.

THERAPEUT Hören Sie, eigentlich ist Ihr Termin …

JUNGER MANN Ich weiß schon, ist mir klar, aber das ist wirklich wichtig. Haben Sie heut Morgen die Zeitung schon gelesen? Seite vier. Totes Kind in einer Mülltonne.

THERAPEUT Sie nehmen eine kalte Dusche, dann gehen Sie Ihren Alltag an.

JUNGER MANN Gut. Ich dusche. Ich putz mir meine Zähne, sag zu meinem Spiegelbild: Ich mag dich, ess Marmeladentoast, ich denk an Omis Neunzigsten, verkauf den Leuten Badezimmerarmaturen, sag zu meiner Nachbarin: »Sie haben aber abgenommen«, ich räume meine Küche auf, ich bring den Abfall runter, und vielleicht liegt in meiner Tonne auch ein totes Kind!

THERAPEUT Wenn so was irgendwo passiert, heißt das nicht, dass in Ihrer Tonne auch eins ist.

JUNGER MANN Schwören Sies, können Sie das garantieren?

THERAPEUT Hören Sie auf, sich reinzusteigern. Das ist so unwahrscheinlich wie ein Erdbeben.

JUNGER MANN Aber möglich ist es! Es ist möglich, oder?

THERAPEUT Ja, möglich ist es.

JUNGER MANN Das heißt, jedes Mal, wenn ich meinen Müll runterbringe, muss ich damit rechnen, dass ein totes Kind in meiner Tonne ist!

THERAPEUT Wenn Sie so wollen.

JUNGER MANN Wenn ich so will, wenn ich so … Was soll das denn heißen?

THERAPEUT Sie nehmen den Vorfall als Ausrede, um sich nicht mit sich auseinanderzusetzen. Was ist Ihr wirkliches Problem?

JUNGER MANN Mein wirkliches Problem ist, dass ich in einer Welt lebe, wo Leute ihre Kinder in den Müll schmeißen! Das wars. Da langts mir schon. Feierabend. Ich schlafe. Ich stehe auf. Ich geh ins Bad. Augen, Ohren, Nase, alles da wie gestern. Ich bin 27, seh gut aus, es geht mir gut. Kaffeekochen, Zeitunglesen. »Frau in Keller … tagelang …« – Eier. Milch. Grünes Pesto. Olivenöl hab ich noch … vielleicht … Muscheln …

Er steht vor den Dosen. Hinter den Erbsen klappt auf einmal ein Fenster hoch, dahinter wird ein Horrorraum sichtbar. In einem Hobbykeller liegt eine blutüberströmte, vergewaltigte, gefolterte Frau. Radio läuft. Die Frau lebt noch.

Grünes Pesto. Shrimps. 100 Gramm … Wie viel nimmt man da wohl pro Person? Olivenöl hab ich ja noch. Wieso ist das Pesto denn so teuer? Dreimal Shrimps. Ananas im Sonderangebot. Zum Nachtisch Ananas mit … Ananas mit … Eier. Milch. Grünes Pesto. Olivenöl hab ich ja noch … *Er dreht durch.*

Das Fenster schließt sich.

Dr. Vetter, ich bins wieder.

THERAPEUT Wir hatten ausgemacht, dass Sie nicht mehr außerhalb der Stunde anrufen, nicht wegen toten Kindern und dieser Frau …

JUNGER MANN Die war noch gar nicht tot, die hat ja noch gelebt! Die dachten, dass sie schon tot wär, und sind abgehauen. Als die zwei Tage später wiederkamen, um sie wegzuschaffen, hat sie immer noch gelebt! Zum Schluss ist einer auf den Hals getreten. Und vormittags, am selben Tag, haben Leute von ner Heizungsfirma im Nebenraum die Heizung repariert. Das muss sie gehört haben und konnte nicht schreien. Da hätte sie sogar noch eine Chance gehabt! Im Nachbargarten war Kindergeburtstag und …

THERAPEUT Ja, das ist eine furchtbare Geschichte, aber das Leben besteht nicht nur aus solchen Sachen.

JUNGER MANN Einmal genügt, für die Frau hat einmal genügt!

THERAPEUT Warum interessieren Sie sich nur für solche Geschichten?

JUNGER MANN Die interessieren sich für mich!

THERAPEUT Herrgottnochmal, Sie können sich nicht das ganze Leid der Welt reinziehen. So kann man nicht leben.

JUNGER MANN Und deshalb ruf ich an!

THERAPEUT In der Spalte daneben steht, dass ein Herzchirurg eine Operation für eine mittellose Frau selbst bezahlt hat, und darunter steht, dass ein Obdachloser im Lotto gewonnen hat. Warum lesen Sie das nicht?

JUNGER MANN Ich hab das gelesen. Die Sache ist, dass mich der Gedanke, dass jemand Lottomillionär wird, nicht aus der Fassung bringt und dass ich gut mit der Tatsache zurechtkomme, dass es großzügige Herzchirurgen gibt, und deshalb rufe ich auch nicht wegen dem Herzchirurgen an, sondern wegen einer anderen Tatsache, wo eine Frau tagelang … Das wars. Da langts mir schon. Feierabend. Ich schlafe. Ich steh auf. Ich geh ins Bad. Augen, Ohren, Nase, alles da, ich bin 27, seh gut aus, es geht mir gut. Kaffeekochen.

THERAPEUT Und die Zeitung legen Sie schön wieder weg.

JUNGER MANN Warum?

THERAPEUT Sie gehen jetzt einmal um die Alster. Dann rufen Sie mich an und erzählen, was Sie so erlebt haben. Sie! Nicht jemand anders.

Ein Spaziergang.

THERAPEUT Und, wie war Ihr Spaziergang?

JUNGER MANN Schön.

THERAPEUT Was haben Sie erlebt?

JUNGER MANN Ich bin also losgelaufen, schöner Morgen, silbergrau, Segelbötchen, blitzblank weiße Schwäne, »kuck mal, Anneke, wie groß der ist!«, Sonnenstreifen-Windgekräusel-Aquarell, und dann hab ich das Mädchen gesehen. Hat sich gerade einen Schuss gesetzt, total fertig, vielleicht 17, war von der Bank gefallen, kam aber nicht mehr hoch, lag so im Dreck und hat Geräusche gemacht wie ein kleiner Seehund.

THERAPEUT Bitte?

JUNGER MANN Ja, kommt noch. Zuerst, als ich das sah, hatte ich wieder dieses »Jetzt-langts-mir-schon-Gefühl«, Feierabend, wo der Tag zu Ende ist, egal, wie spät es ist. Aber dann wurde mir so klar, dass das endlich aufhören muss, dass das nichts bringt, dass man mit der Wahrheit leben kann, und andre könnens auch. Bin ich stehengeblieben und hab hingeschaut. Fünf Minuten mindestens. Sie hat so was gegurgelt: Was glotzt du so, hau ab. Ich hab gesagt: Ich bin verdammt froh, dass ich keine Drogen nehme. Sie wollte nach mir treten, konnte sich nicht aufrappeln. Aber ich war wirklich froh in dem Moment, dass ich keine Drogen nehme und dass ich nicht im Dreck lieg. Je länger ich hingeschaut hab, umso leichter wurde das, und dann hab ich noch gesagt, du wirst mir nicht den Tag versauen, gut, es gibt dich, du bist 17, dein Leben ist am Arsch, aber meins noch nicht, und es gibt nicht nur Verzweiflung. Ich schau mir jetzt die Schwäne an.

THERAPEUT Und wie geht es Ihnen?

JUNGER MANN Gut. Ich trink Kaffee, ess Marmeladentoast, irgendwo hat jemand irgendein Mädchen gefunden, das an irgendwas gestorben ist. Ich bin 27, seh gut aus, es geht mir gut.

Pause.

KASSIERER So. Viermal telefonische Beratung, dreimal Shrimps, grünes Pesto, Ananas …

HYSTERIKON. ›Mary Schneider yodelling the classics‹. In einen Einkaufswagen springen plötzlich drei Spüliflaschen. Das schwarze Mädchen wird von einem Schwarm genmanipulierter Killersmarties angefallen. Einkaufswagen machen sich selbständig usw. …

10. Szene

Ein Mann löst sich aus der Kassenschlange.

MANN Ich bin acht Jahre. Ich bin zu Besuch bei meiner Tante in München, und eben öffne ich lässig die Pforten zum Paradies. Die Eintrittskarte halte ich fest in der Hand. Meine Tante hat mir fünf Mark geschenkt. Ich kann mir die Welt kaufen. Und genau das will ich tun. Wenn man acht Jahre alt ist, fünf Mark schwer und bei »Wagner Kolonialwaren« im Zentrum der Wünsche steht, kann man leicht ins Trudeln geraten, denn die Möglichkeiten, was man sich für fünf Mark kaufen kann, explodieren und ergeben wieder neue Kombinationen an Möglichkeiten: z. B. Trillerpfeife, 60 Pfennig, Taschenmesser, 4 Mark, bleiben 40 für Frigobrause. Oder eine Gummispinne, 1,50, plus das Polizeiauto, 2 Mark, plus 3 Plastikdinosaurier für jeweils 50 Pfennig. Zwischenzeitlich erwäge ich ernsthaft den Kauf von 40 Meter Gummiband, wofür, weiß ich nicht, aber die Möglichkeit an sich ist verlockend. Und dann stehe ich vor einem unscheinbaren Karton. *Er öffnet ihn.* Es ist ein Karton mit Fleißbildchen. Es sind Fleißbildchen mit Heiligenmotiven. Das glaube ich nicht, das ist ein Irrtum. Ich bin schockiert. Fleißbildchen bekommt man direkt von Jesus Christus, über den Mittelsmann Fräulein Gerold, die unsre Lehrerin ist. Die Heiligenbildchen sind die höchstmögliche Auszeichnung, die man erreichen kann. Ich habe eins. Ein einziges. Nicht wegen Fleiß, sondern weil ich den Sebastian gerettet habe, der sich beim Schulausflug verlaufen hatte. Das ist das Einzige, das ich jemals bekommen habe. Nicht weil ich fleißig war, aber weil ich ein Held war. Maria mit dem Heiland. Der Gedanke, dass Fräulein Gerold die Heiligenbildchen kaufen könnte, ist ungeheuerlich. Der Gedanke ballt sich am Horizont zu einem Taifun, nähert sich mit rasender Geschwindigkeit und fegt durch meine ganze geordnete Kinderwelt. Aber kein Zweifel: Es sind die Fleißbildchen. Die Originale. Maria mit dem Heiland. Das Gleiche, das ich habe. Sagen Sie … diese Fleißbildchen, kann man die … kaufen?

KASSIERER Fünf Pfennig das Stück.

MANN Kann ich die auch kaufen?

KASSIERER Wenn du Geld …

MANN Fünf Mark.

KASSIERER Wie viele?

MANN Hundert?

KASSIERER Mal sehen, ob noch so viele drin sind.

MANN Das geht nicht gut aus. Der Blitz wird mich treffen, ich komm ins Fegefeuer, mindestens, das muss eine Todsünde sein, eine Versuchung ist es, das weiß ich. Wenn das rauskommt …

PFARRER … aber ein so schändlicher Verrat an Jesus Christus ist mir noch nicht vorgekommen! Hier haben wir einen, das ist der Judas, der Betrüger, der glaubt, Gott lässt sich kaufen. Für so einen wie dich hat der Herrgott keinen Platz in seinem Haus …

KASSIERER Es sind 98.

MANN Der Teufel freut sich schon. Ich schwitze. In der Hölle werde ich noch viel mehr schwitzen. Nein, ich will nicht vom Weg abkommen, das ist eine böse Einflüsterung, nein, ich mache es nicht. – In Ordnung.

KASSIERER Willst du für zehn Pfennig Lakritz?

MANN Irgendetwas sagt mir, ich sollte wenigstens die zehn Pfennig für die armen Kinder in Afrika spenden, wenigstens das. – In Ordnung, Lakritz. *Er läuft weg.* Das erste Heiligenbildchen ist Jesus am Kreuz. Er sieht mich traurig an, weil ich ihn verraten habe. Das nächste ist ... Jesus am Kreuz. Er sieht mich traurig an, weil ich ihn verraten habe. Das nächste ist ... Jesus am Kreuz – ich weiß schon, wie er guckt. Ich esse Lakritz, ich bin eine verdammte Seele und sortiere Bildchen. Es sind 28 gekreuzigte Jesusse, 16 Mal die Heiligen Drei Könige, 12 Mal der heilige Franziskus, 14 heilige Abendmähler, 6 brennende Dornbüsche, 9 Himmelfahrten und 13 Marias mit dem Kinde. Das ist das Motiv, das ich habe. Ich sehe mein Heiligenbild ganz genau an, ob ich irgendeinen Unterschied feststellen kann zu den anderen. *Er steckt es zu den anderen, versucht, es wiederzufinden.* Es ist, als ob ich Sebastian nicht gefunden hätte. Es ist, als ob ich nie ein Held gewesen wäre. Ich sitze da, esse Lakritz und denke so über einiges nach. Ich bin mit Alfred vor der Schule. Er hat ein schönes Bild gemalt. Er hat unsre Schule gemalt und vor der Schule unsere Lehrerin. Er hofft, er kriegt ein Fleißbildchen. Er hat sieben. Wenn er zehn hat, bekommt er ein Fahrrad. Ich sage, ich gebe ihm für das Bild drei Fleißbildchen. Fräulein Gerold fragt: »Das hast du allein gemalt?« Ich sage: »Ja, weil Sie so nett sind.« Sie merkt, dass da was faul ist, aber sie weiß nicht, was, da muss sie mir ein Bildchen geben. Sie gibt mir das heilige Abendmahl, und ich bin erfüllt vom Triumph des Bösen. Denn das weiß ich, das Einzige, was noch schlimmer sein kann, als sich die Bildchen zu kaufen, ist, sich eines betrügerisch zu erschleichen. Auch dem Abendmahl sieht man den Verrat nicht an, das habe ich schon geahnt. Auch dieses Bild sieht genauso aus wie die anderen 14 Abendmähler. Danach interessieren mich Heiligenbildchen nicht mehr. Ein paar tausche ich gegen Pausenbrote oder kleine Dinosaurier. Aber der größere Spaß ist, sie einfach zu verschenken. Willkürlich. Ich schenke dem Markus, der der Schlechteste ist und den außerdem keiner leiden kann, 20 Stück, einfach so. Der zeigt sie dem Robert, welcher der Streber ist und Besitzer von 16 ehrlichen Bildchen. Von wem er die hat. Aber Markus sagt es nicht. Das wirkt sich nicht gut auf Roberts Motivation aus. Ich senke den Bildchenkurs von Tag zu Tag. Ich stecke sie heimlich in Schulranzen. Ich verschenke sie, ich lasse sie absichtlich irgendwo liegen, keiner macht mehr Fleißaufgaben, das Fräulein Gerold wundert sich, senkt ihrerseits den Bildchenkurs, die Inflation galoppiert, und als ich die letzten an Thomas verschenken will, sagt er: »Nee, danke, was soll ich damit?« Ein Heiligenbild ist noch so viel wert wie ungefähr ein Kieselstein.

11. Szene

KASSIERER Na, Pause gehabt, Schnäppchen gemacht, den eigenen Marktwert abgecheckt? »Was hat die für ein Kleid an, so dick wie die bin ich aber nicht, oder? Sag, dass ich nicht so dick bin.« Wurden Sie eingeladen auf den Sekt, oder haben Sie selber bezahlt? Haben Sie Komplimente gekriegt oder gemacht? Attraktivität funktioniert durch und durch kapitalistisch: Wenn Sie einen interessanten Verehrer haben, ziehen die andern nach, die Aktien steigen. Wenn Sie den einen nicht haben, sagen die andern auch: »Keiner will sie, ich will sie auch nicht.« So. Wie viel haben Sie noch auf Ihrer Eintrittskarte? Nehmen wir so einen Durchschnittspreis von 28 Euro, vorausgesetzt, Sie hätten alle bezahlt. Wie verteilt man das so auf den Abend? Machen Sie doch mal ne Zwischensumme. Erste Szene, das mit der Ferrarikanne, 40 Cent? 60 Cent? 1,80? Und für was? Für die Kanne, für den Text, für mein Gesicht? »Der hat ja ne Nase, 3,20 nur für die Nase.« Machen Sie Good-Will-Vorleistungen? »10 Euro, einfach so, für den Anfang, denen vertrau ich.« Oder grad am Anfang besser sparen? »Ja, wir gucken nur mal so.« Nicht gleich alles auf den Kopp hauen für so ne Anfangsnummer. Vielleicht kommt später noch ne Aussage, so was wie »Carpe diem«, und dann sind nur noch dreißig Cent übrig für »Carpe diem«. Pech. Andrerseits, vielleicht gibts am Schluss kein »Carpe diem«, sondern ne Publikumsbeschimpfung, kann auch sein, und Sie haben den Abend über grad mal 2,20 ausgegeben von ihren 28. Der Traum am Joghurtregal – ich will wieder an was Großes glauben … »80 Cent maximal, war ja eh nur geträumt, träumen tu ich jede Nacht.« »Der Traum?! Der Traum, der war 24 Euro, aber mindestens, mir egal, was nachher kommt. Diese Geschichte mit Moral, als der seinen Chef umbringen wollte, erinnern Sie sich?« »Ja, die war gut, das war ja dann auch schon vom Text bisschen anspruchsvoller, die war … ja … doch … 6,20, ja.« – »Na, am Anfang hätte man vielleicht ein bisschen Text sparen können, aber als die sich ausgezogen hat, Donnerwetter, ja, 15 Euro.« – Gut, aber vielleicht zieht sie sich im zweiten Teil ganz aus. Ich persönlich find ja, dieser Moment, wenn das Mädchen dieses … »Hands up, everybody …«, das find ich unbezahlbar, das ist so peinlich. Übrigens, Bühnenbild. Das stand ja nicht hier rum. Raten Sie mal. Paar schäbige Regale, bisschen Gemüse drin, ne alte Kasse, Truhe ist gesponsert, na, schätzen Sie mal …

30 000 Euro. Nur Material. »Nein!« – Doch. Alles kostet. Mehr, als man denkt. So, alles in allem, wie viel bleibt noch für den zweiten Teil? Vielleicht haben manche von Ihnen im ersten schon alles ausgegeben, tja, diejenigen haben jetzt frei. Können trotzdem gucken, so ganz unverbindlich, die anderen: Schnäppchen machen!

12. Szene

Nachtclub-Atmosphäre. Nur die Tiefkühltruhe ist beleuchtet. Ein Mann mittleren Alters sieht gespannt hinein. Eine Frau richtet sich langsam auf. Sie ist ein eiskalter Männertraum, Ikone der Unnahbarkeit und knisternd vor Sex. Ihr Platz ist immer in der Truhe. Sie singt »Peel me a grape« von David Frishberg …

MANN Darf ich Sie …

FRAU Nein.

MANN Ich wollte nur …

FRAU Mit mir schlafen.

MANN Nein!

FRAU Nicht?

MANN Nein, also, nein, ich mein, das heißt nicht, dass ich Sie nicht sexy finde, ich finde Sie sehr … sexy.

FRAU Aber Sie wollen nicht mit mir schlafen.

MANN Doch!

FRAU Also doch.

MANN Nein! Ich mein, das weiß man ja jetzt noch nicht, ich mein, wir kennen uns gar nicht.

FRAU Hat das eine mit dem andern zu tun?

MANN Ach so … so meinen Sie, ja also … Sie sind ja, aber, ich mein, Sie haben natürlich recht, ich mein, was heißt sich kennenlernen, ich erzähl Ihnen meine unglückliche Kindheit, Sie erzählen mir Ihre Komplexe, und dann geht man das erste Mal zusammen ins Bett und ist sich eh vollkommen fremd. Insofern kann man ja auch gleich …

FRAU Kann man.

MANN Ja, dann, äh …

FRAU Muss man aber nicht.

MANN Nein. Natürlich nicht. *Pause.* Ich würde aber gern.

FRAU Mit mir schlafen.

MANN Ja!

FRAU Ich werd nicht mit Ihnen schlafen.

MANN Klar. Warum?

Die Frau schweigt.

Gut, vielleicht bin ich nicht Ihr Typ. Wobei, danach darf man nicht gehen, ich mein, angenommen, ich wär Ihr Typ, sagen wir, ich wär so einer – groß, schlank, drahtig –, dann haben Sie trotzdem keine Garantie dafür, wies dann im Bett ist. Also darauf kann man sich nicht verlassen, insofern –

FRAU – schlafe ich trotzdem nicht mit Ihnen.

MANN Ja.

FRAU Enttäuscht?

MANN Nein. Enttäuscht, das hört sich so an, als ob ich mir wer weiß was erhofft hätte.

FRAU Und das haben Sie nicht?

MANN Nein, hab ich nicht.

FRAU Ja dann.

Zwei Gläser Campari.

MANN Sagen Sie mir, wie Sie heißen?

FRAU *mit französischem Akzent* Frigitte.

MANN Sind Sie fremd hier?

FRAU Ich bin überall fremd.

MANN Ich dachte, wir könnten vielleicht einfach reden.

FRAU Wir könntens sein lassen.

MANN Verlieren Sie nie die Kontrolle?

FRAU Nie. *Lange Pause. Irritiert* Was machen Sie?

MANN Ich stelle mir was vor.

FRAU Dazu bin ich da. Sein Sie der Chef, ich bin Ihre kleine Sekretärin, oder lieber das Knabeninternat und Sie haben vergessen, Ihre Hausaufgaben zu machen … Oh, oh, das wird streng bestraft. Ah, Sie sind der Kaufhausdetektiv und ich habe einen Lippenstift gestohlen, bitte holen Sie nicht die Polizei, wir können …

MANN Ein Strandhaus auf Spiekeroog. Morgens. Frischer Wind. Möwen. Ein altes Holzbett.

FRAU Ich putze die Holzdielen.

MANN Nein, Sie liegen im Bett.

FRAU Auch gut. Und Sie der bärenstarke Wikinger, Muskeln überall.

MANN Früher vielleicht, jetzt nicht mehr. Ich bin 78 Jahre, ich bin alt.

FRAU Alt?

MANN Sie sind auch alt.

FRAU *kreischt.* Ich, alt? Niemals, nie!

MANN Falten, Krähenfüße, Krampfadern.

FRAU Was wird das für eine perverse Nummer?

MANN Sie würden leise schnarchen.

FRAU So weit kommts noch.

MANN Ich wäre früher aufgewacht und würde Sie beobachten, wie Sie langsam aufwachen.

FRAU Niemand sieht zu, wie ich aufwache.

MANN Niemand außer mir. Deshalb wäre ich auch nie eifersüchtig gewesen auf all Ihre Liebhaber während all der Jahre. Denn ich hätte immer gewusst, ich bin der Einzige, der Ihnen beim Aufwachen zugucken darf.

FRAU Und dann?

MANN *springt in die Truhe, ohne was von dem Campari zu verschütten.* Würde ich die Bettdecke zurückstreifen …

FRAU Ich bin nackt?

MANN Ja.

FRAU Sie übergeben sich. Stellen Sie sich vor, eine alte nackte Frau bei Tageslicht …

MANN Ja.

FRAU Geben Sie mir die Bettdecke wieder.

MANN Nein.

FRAU Bitte, die Cellulitis ist furchtbar.

MANN Wie eine Landkarte. Ich fahre mit der Hand die Hautstränge entlang und sage: Na, meine kleine Orange.

FRAU Na, du alter Sack.

MANN Mein alter Sack funktioniert noch.

FRAU Tatsächlich?

MANN Ja.

FRAU Eine petite Erektion?

MANN Hmm.

FRAU Ouhh.

MANN Das alte Schlachtschiff fährt noch einmal in die alte Grotte.

FRAU *muss lachen*. Wir lieben uns?

MANN Ja. Vertraut, vergnügt, vorsichtig.

FRAU Und dann?

MANN Liegen wir auf dem Rücken und warten, bis uns die Sonne auf den Bauch scheint. Wir haben Zeit. Wir trinken Kaffee im Bett.

FRAU Ja. Und Haferkekse, bitte.

MANN Weiß ich doch, ich hab gestern zwei Packungen gekauft.

FRAU Wir krümeln ins Bett.

MANN Wir gehen zum Strand, werfen flache Steine. Du frierst ein bisschen, deshalb gebe ich dir meine Jacke. Vielleicht wäre es dieselbe, die ich dir damals vor 40 Jahren gegeben hätte. *Er legt ihr seine Jacke um.* Du findest eine Flaschenpost, die habe ich am Abend heimlich an den Felsen gelegt …

FRAU Was steht drauf?

MANN Lies selber.

Sie küssen sich und verschwinden in der Truhe.

13. Szene

Bei den Tomaten steht ein junger Mann. Er hat eine große bunte Jacke mit Kapuze an. Eine Tarnjacke, die sich in der Buntheit des Supermarktes auflöst. Der Kassierer spricht die Gedanken des jungen Mannes übers Kassenmikro.

JUNGER MANN Natürlich. Alle gucken. Glotzen. Schaun mich an.

Niemand guckt.

Meine Jacke ist zu laut. Schon wieder. Da! Sei ruhig. Blöde Jacke. Wenn jetzt einer lacht! Die Jacke ist so laut und alle gucken. Meine Jacke brüllt. Meine Jacke brüllt die Leute an. Ihr Arschlöcher, Arschlöcher, Arschlöcher, glotzt nicht so, lasst mich einfach nur in Ruhe! Als ob ich das nicht merke. Nimmt die sich ein Heft und tut, als ob sie liest. Für wie blöd hält die mich? Schaut, ob ich einen Fehler mache. Wenn nur die Jacke nicht so laut wär. Ich hab genau gesehn, was die in ihrem Wagen hat: Shampoo, Deo, Zahnpasta, Shampoo, Deo, Zahnpasta, Shampoo, Deo, Zampata … Sampo, Tea, Tamtata … Santa, Teo, Tantata … Sante, Tete, Tantete … Was die in ihrem Wagen hat, das kann ich einfach auflösen mit den Worten wie Aspirin in Wasser, shampoota, tampatee, santa-fe, bleibt nichts mehr übrig. Für wie blöd hält die mich? Das hättest du gern, dass ich da rüberkomme. Vergiss es. Kannst du lange warten. Glotz nich so, du Arschloch.

Jemand macht Geräusche mit einer Chipstüte.
Lass das mit der Tüte. Lass die Tüte einfach schlafen. Die Tüte ist so laut, gleich explodieren meine Ohren! Ich hab dir nix getan. Ich will mir einfach Essen kaufen! Ich hab Hunger, ich kann doch nicht verhungern, ich hab doch keinem was getan! Die Tüte brüllt mich an. Das Geräusch auflösen: Chipstütengebrüll, Gipstütengemüll, Tipstütentetyll, Ripsgistengeknüll, is isten so still, es is so still, es ist so still, so wie ich will. Arschlöcher. Jetzt könnt ich weg, jetzt guckt grad keiner. Komm ich nachher wieder, wenn nicht so viele da sind. Ich muss mir doch zu essen kaufen, ich kann doch nicht verhungern. Vielleicht so, dass ich mir jetzt was überlege. Komm ich nachher wieder, wenn die Arschlöcher weg sind. Die Tomaten tun mir leid, eingesperrt in so ner dunklen Dose, sechs Stück auf einmal. Andrerseits sind die schon tot, und irgendwas muss ich ja auch mal essen. Aber vielleicht ist es wieder wie das letzte Mal: ich mach die Dose auf, und sechs Tomaten schrein mich an. Da warn sie doch nicht tot, und ich kann zwei Tage nicht in meine Küche. *Er sieht eine Frau.* Ich seh genau, dass du neben dem Regal stehst. Als ob ich das nicht merke. Bierflaschengeklicke, Tiertaschenperücke, Vierphasengestücke, Vierrasenstücke, Hasenstücke, zackezücke, zackezücke, tacketücke, tacketücketacketücke … Ich muss bald raus hier, da zieht sich was zusammen. Was war das? Ich habs genau gesehen, das war Müsli! Aber welches?
Die Frau beginnt, vor sich hin zu pfeifen.
Hör auf zu pfeifen, ich hab dir nix getan. Ich weiß schon, was das Pfeifen soll. Schallwellen, direkter Schallwellenaufbau, durch das Trommelfell in mein Gehirn. Willst ne direkte Verbindung aufbauen zu meinem Gehirn. Aber nicht mit mir. *Er pfeift auch.* Hat keinen Sinn. Jetzt wird das nie was! Die legens drauf an, die wollen mich fertigmachen. Ich

komm nachher wieder. Besser vorbereitet! Ich überleg mir jetzt schon, was ich nachher nehme. Und nachher einfach überraschungsmäßig hin, das geht so schnell, da kommt keiner mit! Was nehm ich? Vielleicht Weißbrot. Natürlich, gibts nur in der Tüte! Milchreis geht. Muss man nur das Alu abziehn. Milchreis macht keinen Ärger, Milchreis schreit nicht rum. Gut, ich leg mir heimlich einen weg, den hol ich nachher ab.

Jemand will an ihm vorbei. Dabei streift er seine Jacke.

Alles klar. Nicht durchdrehen. Hab ich schon geahnt, jetzt keine Panik. Ruhig überlegen. Gut. Milchreis geht nicht mehr, die weiß das mit dem Milchreis. Hat es doch übers Pfeifen rausgekriegt, und ich weiß, dass sies weiß, und sie weiß, dass ich das weiß, dass sie das weiß. Schau her, du Arschloch, was ich mache! Ja, schau schon her, schau her, schau her, schau her, ich versteck die Wurst so, dass du das siehst, und da guckst du aber. Na also – reingefallen. Und jetzt versteck ich mir was anderes. Glaub du nur, dass ich Wurst will, glaub das ruhig. Und ich versteck mir, ich versteck mir ein … Ah, jetzt gucken wieder alle! Ich muss bald raus hier, das geht nicht mehr lange gut! Mais ist gut. Genau, Mais statt Reis, haha, Milchreis, Milchmais, Dosenmais. Jetzt ist die Kasse gerade leer. Wenn ich jetzt ganz schnell bin, bevor die andern Arschlöcher sich anstellen – die glaubt ja noch, dass ich mir die Wurst kaufen will. Ich könnts riskieren.

Jemand stellt sich an der Kasse an.

Alles klar, die gehören zusammen. Variante zwei, Mais verstecken. Fängt das mit der Jacke wieder an! Jetzt glotzen wieder alle! Ich kann nicht mehr. Ich kann doch nicht verhungern! *Hört an der Dose.* Das ist klar, dass die jetzt auch wach sind. Aber besser, als wenns wieder zu Hause passiert wär. *Er nimmt Mehl.* Is zwar in der Tüte, aber wenigstens ruhig. Jetzt ganz schnell! *Versteckt das Mehl.* Keiner gemerkt, haha, hol ich mir nachher ab, wenn die Arschlöcher weg sind!

Jemand stellt sich ein Glas Gurken in den Wagen.

Glasgurkengetöse, Glasuhrfritöse, Fünfuhrgemüse, tumturtötöse, tumtututöse, tum tötötö tum tötötö …

KASSIERER Der war echt. Zumindest nicht erfunden. Das Original läuft gerade durch die Gänge der Geschlossenen am Ochsenzoll. Auch das Original hat nicht immer einen Vorteil.

14. Szene

Morgendämmerung über der Gefriertruhe. Der Mann ist früher aufgewacht. Er will verschwinden. Frigitte trägt keine Perücke mehr, ihr Make-up ist verwischt, sie ist verschlafen und verliebt.

MANN Guten Morgen.

FRIGITTE Ich will Kaffee und Kekse.

MANN Ja. Klar.

Der Kassierer stellt ein Tablett mit Kaffee und Keksen auf die Truhe. Sie frühstücken. Der Mann weiß nicht, wie ers sagen soll. Frigitte ist angetaut und kregel. Der Kassierer tippt schon mal die Rechnung.

FRIGITTE Fahren wir ans Meer?

MANN Gern. Das heißt, schade, weil ich … den ganzen Tag arbeiten muss.

FRIGITTE Mach blau.

MANN Ja. Das geht nicht.

FRIGITTE Schade.

MANN Ja, blöd.

FRIGITTE Ich hol dich von der Arbeit ab. Wo arbeitest du?

MANN Das ist so, heute ist … ähm …

FRIGITTE Was ist heute?

MANN Na ja, heute ist heute und äh, gestern ist gestern … und das war … schön. Und … ja. *Pause.* Du bist ne tolle Frau. Ehrlich. Das war … wirklich schön. *Pause. Der Mann holt einen Strauß Blumen.* Ich geh jetzt. *Pause.* Machs gut. *Kommt zurück.* Ich hab meine Jacke vergessen. *Er holt sich Zahnbürste und Zahnpasta und geht zur Kasse.*

Die anderen Kundinnen beobachten ihn.

KASSIERER Na, faulen Geschmack im Mund? Frühstück, Blumen, das da … 72,20 und Ihre Identity Card.

MANN Hab ich vergessen. Geht Master Depression?

KASSIERER Geht. *Bucht es drauf.* So, alles klar. *Er gibt ihm ein Scheißetütchen.*

FRIGITTE *leise* Ach, Mensch …

15. Szene

Das schwarze Mädchen ist aus Versehen an ein Regal gefahren. Waren fallen herunter.

MÄDCHEN Irgendwas muss sich ändern. Irgendwas heißt: mein Leben. Wenn ich mich einmal entscheiden könnte. Für nen Mann oder ne Stadt oder was weiß ich, wenigstens ein Video. Ich schaff das, zwei Stunden in der Videothek zu stehen, um mir dann zu überlegen, ach, ich geh doch lieber ins Kino. Aber in welchen Film? In regelmäßigen Abständen krieg ich Sinnkrisenschübe. Das Wort »Sinnkrise« ist schon oberpeinlich. Ich mein, jemand fragt dich: »Und wie gehts?« »Geht so, ich hab ne Sinnkrise«, ouhh, würd ich nie sagen, trotzdem hab ich eine Sinnkrise. Auf einmal hab ich Fantasien von Schweigeklöstern, wo ich so völlig in mich gekehrt Basilikumpflänzchen eintopfe. Oder in der kleinen romanischen Kapelle sitze, wo das Licht durch das blaue Glas fällt und ich nur dasitze und so ganz entspannt vor mich hin an Gott glaube. Und dann ertapp ich mich dabei, dass ich denke, dann muss ich ja auch so ne triste Nonnentracht anziehen. Das kann ich nicht. Das mit der Keuschheit geht noch, aber so ne Kutte und schwarze Wollstrümpfe, das geht nicht. Und auf einmal denke ich, vielleicht werd ich lieber Buddhistin. – Das muss man sich mal vorstellen, nur weil die Klamotten schöner sind. Na ja, denk ich dann, dann kanns ja nicht so weit her sein mit der Spiritualität, aber diese … diese Impulse sind trotzdem da. Meine Freunde waren in der Antifa, ich nie. Ich fand immer, ich müsste das nicht tun, ich bin ja schon schwarz, ich bin sozusagen ne wandelnde Lichterkette, das genügt doch. Genau genommen bin ich gar nicht richtig schwarz. Nicht richtig schwarz, nicht richtig weiß, schon wieder unentschieden. Na ja, dafür bin ich hip, ich komm in jeden Nachtclub rein. Kann sich kein Türsteher leisten, mich draußen stehen zu lassen. Manchmal denk ich, könnt ich nicht mal einfach normal sein? Das ist natürlich auch wieder so ein Klischee, normal, was ist schon normal? Und dann denk ich, na ja, es ist nun mal so, ich seh halt … besonders aus, zumindest hier. Und die Verhältnisse, aus denen ich komme, sind auch … irgendwie … besonders, doch schon: Ich mein, ich hatte einen leiblichen Vater, schwarz, eine leibliche Mutter, weiß, ein schwedisches Kindermädchen, tot, zwei Ziehmütter, weiß, aber schwul, Tobias und Miguel, 14 Geschwister, schwarz – einer ist grade König geworden, vier sitzen im Knast. Zwei Halbbrüder, weiß, aber französisch, und einen Onkel, tot, der, kurz bevor er erschossen wurde, sagte: »Leben ist stärker als Tod.« Den Onkel hab ich gar nicht gekannt. Trotzdem hab ich immer das Gefühl, wenn eh schon nicht normal, dann muss ich mit meinem Leben auch was ganz Tolles, Besonderes machen. Mit so ner Vita kann ich doch nicht Damenoberbekleidungsverkäuferin sein. Und dann hab ich wieder so einen … Impuls, was, ja, Gutes zu tun, ein Mensch zu sein, der was bewegt. Das ist dann schon wieder so halbpeinlich. Es geht noch, wenn man es nur denkt, aber wenn man das wirklich laut ausspricht: »Ich will ein guter Mensch sein.« – Ahh! Diese Impulse … sind schon echt, aber sobald sie das Gehirn erreichen, wird ein Klischee draus. Na ja, fang also mein neues Leben an, als guter Mensch, und übernehme so ne Patenschaft für ein armes afrikanisches Kind, das mir zweimal im Jahr einen Brief schreibt und sich bedankt. Was mir natürlich auch wieder peinlich ist, weils klar ist, jemand hat den Brief diktiert, und das kennt mich ja auch gar nicht, und überhaupt ist das Ganze an sich schon absurd: Man kriegt einen Katalog zugeschickt, und dann sitzt man da mit seinen 100 Euro monatlich und fragt sich, was ist wichtiger, dass das afrikanische Kind seine Augenoperation kriegt oder dass das thailändische nicht mehr auf den Strich muss? Und dann wirds schon wieder grundsätzlich, weil – dann denk ich mir, hundert Euro im Monat is so gar nichts, ich änder mein ganzes Leben, ich geh nach Afrika und kämpfe für die Freiheit meines Landes! Was erstens wieder ein Klischee ist, zweitens nicht mein Land und drittens stelle ich mir dabei schon wieder vor, was ich als Freiheitskämpferin für Klamotten anhabe, und an meiner Seite einen männlichen Freiheitskämpfer, der ungefähr so aussieht wie George Clooney. Dann denk ich wieder, mach erst mal im Kleinen, gib erst mal dem Penner was. Und ich weiß nicht, warum, aber wenn mich einer fragt: »Hast du mal n Euro?«, ist mir das auch peinlich, ich geb dann manchmal was, manchmal nicht, kann ich mich auch nie richtig entscheiden und geb dem die Euro, als obs ein benutztes Kondom wäre. Auf einmal hab ich so einen Impuls, ich denk, jetzt weiß ichs, ich werde Geschichtenerzähler, reise nur und sammle Geschichten aus aller Welt, das ist besonders und das ist … auch ein Klischee. Wenn ich mich einmal entscheiden könnte, stattdessen hab ich ständig irgendwelche großen, diffusen Impulse, die in real total daneben sind. Trotzdem sind sie da. Ich fang alle zwei Wochen ein neues Leben an, wünsch mir, dass ich irgendwann was finde, was nicht Kulisse ist, sondern wirklich gilt, wo mein Leben dann hoffentlich dreidimensional wird. All das ist kein großes Drama, das weiß ich auch. Es ist auch nicht so, dass ich wirklich unglücklich bin, es ist einfach nur das ständige pelzige Gefühl, dass da was fehlt.

16. Szene

Die Frau in der Gefriertruhe ist weiter aufgetaut. Es ist nicht zu ihrem Besten.

FRIGITTE Mir ist kalt, mir ist langweilig.

KASSIERER Räum deine Truhe auf.

FRIGITTE Hier stinkts.

KASSIERER Ich bins nicht.

FRIGITTE Mann! Erst anfressen, dann liegen lassen. Mayday! Mayday! Ich will Chips!! Ich will Chips.

KASSIERER 3,99.

FRIGITTE Küss mich!

Die Frau in Gucci und der Mann in Armani.

FRAU Ich will einfach, dass wir mehr Zeit haben füreinander.

MANN Wir haben die ganze Woche jetzt jeden Abend was zusammen gemacht.

FRAU Und es waren immer andre dabei. Auf der Party von Thomas haben wir kein Wort miteinander gesprochen.

MANN Das ist doch nicht wahr.

FRAU Doch. Du hast mich einmal gefragt, ob du mir Sushis mitbringen sollst.

MANN Also, weißt du, wenn du die ganze Zeit in der Ecke sitzt und dir heimlich Notizen machst: Aha, mit Susanne spricht er, mit mir nicht …

FRAU Das stimmt nicht. Aber das ist doch schon komisch, wenn wir auf ner Party mit jedem reden, nur nicht miteinander. Ich hab mich sogar ne halbe Stunde mit dem Dingens unterhalten, den ich ganz entsetzlich finde. Ich möchte mich gern mit dir unterhalten.

MANN Hm.

FRAU Ja, stell dir vor, mit dir. Schmoll nicht, sonst gibts was hintendrauf. Nein guck mal, Mineralwasser von Issey Miyake.

KASSIERER Können Sie probieren.

FRAU Hm. Gut.

Der Mann entdeckt Frigitte.

FRIGITTE Bonjour.

MANN Hallo.

FRAU Probier mal. *Sie guckt auf den Preis.* … dann doch. Ja, klar, Miyake.

MANN Schau mal, schau doch mal.

FRAU Ja, hübsch, n bisschen kitschig.

MANN Quatsch, die ist wunderschön.

FRIGITTE *mit französischem Akzent* Ich hab kein Papa, ich hab keine Mama, ich hab keine Brüder, ich hab keine Schwestern, und außerdem ist mir kalt.

FRAU *greift in die Truhe.* Hühnchen?

MANN Hatten wir gestern. Haaa, sind Sie schön.

FRIGITTE Sie sind auch schön. Soll ich Ihnen einen blasen?

Pause.

FRAU Nein, danke, er ist versorgt. Wir brauchen noch …

MANN Doch, bitte, bitte!

FRAU Kommt nicht in Frage.

MANN Bitte, das hab ich mir immer gewünscht. Schau doch mal, wie schön die ist. Schau mal, die Haut, und der Mund ist so toll.

FRAU Geht das wieder los.

MANN Was kostet einmal blasen?

KASSIERER 120 blasen, 2 Euro das Kondom.

FRAU Du spinnst wohl, das ist viel zu teuer, 120 Euro für einmal blasen, das ist viel zu viel.

FRIGITTE Nicht zu viel.

MANN Du kaufst dir Mineralwasser von Issey Miyake. 28 Euro für ne Flasche Mineralwasser ist auch n bisschen überzogen.

FRIGITTE Das stimmt.

FRAU Sie halten sich raus.

MANN Jetzt stell dich doch nicht an, du kriegst was anderes.

FRIGITTE Ja, kauf ihr doch ein kleines Hündchen, sie ist so allein.

FRAU Vielleicht eine dänische Dogge, ich werd sie auf dein Parfüm abrichten.

FRIGITTE Nein, ich dachte eher so an einen Cockerspaniel, Sie wissen, die kleinen, die bellen, aber nicht beißen.

MANN Mein Gott, was ist denn jetzt schon wieder so kompliziert? Ich find die süß, ich will einfach gern, dass die mir einen bläst.

FRAU Ich habs gehört, dann machs.

MANN Mach ich auch.

Er geht zur Kasse. Alle gucken, er machts trotzdem.

KASSIERER 122 Euro, hier ist der Bon, damit gehen Sie zu der Dame, die Sie bedient.

Der Mann bezahlt und steigt in die Truhe.

FRAU *Ausbruch wie im ersten Teil. HYSTERIKON. Sie bricht ab.* Gut, also ich bin die, die danebensteht und hysterische Ausbrüche kriegt, das kennen wir ja schon aus dem ersten Teil. Was soll das eigentlich, wer denkt sich so was aus. Stichwort 40, was fällt Ihnen ein? Menopause, Sauerbier, frustriert. Stimmt doch nicht. Gut, toll ist das nicht, aber dass ich deswegen hysterische Anfälle krieg … nee. Das ist das Gute an 40. Weil, da steht auf dem Konto in der Spalte Haben: manches nicht mehr nötig … Haben. Soll er sich jetzt amüsieren. Die nächsten drei Wochen werden super. Weil, natürlich kostet so was mehr als 120 Euro, und natürlich wird er die nächsten drei Wochen dafür zahlen. Aber er wird gerne zahlen, freiwillig. Massagen, Blumen, Aufmerksamkeit. Weil ich ja so großzügig bin. Das hat gar nicht so viel mit Großzügigkeit zu tun, eher damit, wo investiert man was. Wenn ich ihm das jetzt verboten hätte, hätt ich drei Wochen Stress gehabt, das Konto wieder auszugleichen. Hört sich nach Schadensbegrenzung an. Falsch. Das ist Gewinnmaximierung. Und das hat auch was mit 40 zu tun. Man kennt sich besser mit den Preisen aus. Man weiß, wo die Sachen im Regal liegen und was sie kosten, wos dasselbe billiger gibt und ob mans billiger haben will. Wo sich das Sparen lohnt und wo man besser investiert. Und gerade hab ich ein wirklich gutes Geschäft gemacht. Die nächsten drei Wochen werden super.

Ein Orgasmus.

FRIGITTE Du armer Junge, jetzt musst du zurück zu deiner bösen Frau.

MANN Die ist nicht so böse, das ist schon in Ordnung.

FRIGITTE Lass alles stehn und liegen, wir nehmen den nächsten Flieger nach Griechenland.

MANN Ja, das wär toll, aber …

FRIGITTE Wir gehen weg, wir zwei.

MANN Du … bist wirklich ne tolle Frau

FRIGITTE Leck mich am Arsch.

MANN *steigt aus der Truhe.* Ich geh jetzt. Machs gut.

FRAU Alles klar?

MANN Ja.

FRIGITTE Mir ist kalt.

FRAU Spaß gehabt?

MANN Ja.

FRAU Fein.

MANN Und jetzt?

FRAU Ich würde gern nach Hause gehen, baden. Ich bin ein bisschen verspannt.

MANN Oh, ja, du brauchst ne Massage.

FRAU Ja.

MANN Kriegst du. Schau mal, englische Rosen.

FRAU Hm.

MANN Die kauf ich dir jetzt.

FRAU Ach, brauchst du doch nicht.

MANN Doch, die kauf ich dir jetzt.

Sie gehen weiter einkaufen.

FRIGITTE Ja, geh doch zu deiner Frau, ich kann selber Griechenland haben!! *Sie tanzt einen Sirtaki.* Ta-tata-ta … Mir gehts gut!

Der Kassierer hängt ein Schild »Reduziert« über ihre Truhe.

FRIGITTE Nein! Das ist gemein!

KASSIERER Beschwer dich.

FRIGITTE Ja! Arschlöcher! Machos! Ich lass mich nicht reduzieren! Ich bin wunderschön, ich gebe Rätsel auf, ich hab eine Seele und ich bin was wert!

KASSIERER Wem?

Pause.

FRIGITTE Ich sag dir, wem! Ich hab Freunde, und die bewundern mich! Na, du geile Pizza, ja, da bist du platt, Signor Gorgonzola! Schau her! Fällt dir nichts mehr ein! Wah, da werden die Fischstäbchen steinhart! Na? Na? Ich kann euch alle haben! Leck den Spinat ab!

Kassierer macht ein Schild »Jetzt noch billiger«.

FRIGITTE Ähhh! Scheiß drauf, auch egal! Mir ist langweilig.

KASSIERER Mach ein Fernstudium.

Ein Mann geht vorbei.

FRIGITTE *mit Würde* Ich werd nicht mit Ihnen schlafen.

MANN Na hoffentlich.

FRIGITTE *zu einem Päckchen Hackfleisch* Bist ne tolle Frau. *Sie wirft das Päckchen weg.*

Der Kassierer bringt eine Wollstrumpfhose.

FRIGITTE Du glaubst nicht im Ernst, dass ... *Sie bemerkt Faulstellen an ihren Beinen.* Ahh!

KASSIERER Braucht ja nicht jeder gleich merken. Kommen Sie, greifen Sie zu! Leicht beschädigt, aber lieb. Die Strumpfhose ist gratis, und was wirklich zählt, sind innere Werte! Kommen Sie näher, kommen Sie ran!

FRIGITTE Peel me a grape, leck mich am Arsch ... kashmir me, anästhesier me ... thunderbird me ... you did hurt me ...

Und so weiter. Das schwarze Mädchen mit einem plötzlichen Impuls. Sie hat ihre Benutzeroberfläche enorm vereinfacht. Sie trägt Hotpants, Stilettos und deutlich zu viel Make-up.

MÄDCHEN Und dann han ich son Impuls gehabt und dacht mir, wat soll dat eigentlich, dat ich mir immer son Kopp mache? In der Zeit kannze andre Sachen machen: kochen, ficken, fernsehen. Ich mein, dat Leben, warum soll man et sich nich n bissken einfacher machen? Is doch eh schon kompliziert genug mit wat Schampoo sollze nehmen, wie viel Kalorien darfse essen, welchen Joghurt sollze nehmen, ich weiß, welchen ich nehm. Banane. Dat is der, den der Heinz nimmt, bevor er dann mich nimmt. Ja, ich bin jetzt ne richtige Blondine, stimmt alles, bis auf die Haare. Jut, der eine oder andre Jedanke bleibt auf der Strecke, wat hab ich gesagt, stricken? Ne, dat muss ficken heißen, egal. So, vielleicht denkense, wat is dat denn fürn Klischee? Und wat soll ich sagen, Se haben recht. Und jetzt geb ich Ihnen noch wat mit auf den Weg: Et funktioniert. Wat is dat? Beine, Titten, Arsch. Hör mir mit Klischee auf. So, meine Herrn, wer hätte denn nu ma wirklich was dagegen, mit nem Klischee in de Kiste zu springen? Sehnse. Sehnse, so ungezwungen, wie ich mich jetzt gebe, dat wär mir noch bis vor kurzen so peinlich gewesen … *Pause.* So … peinlich …

Lange Pause. Der Kassierer gibt ihr ein Scheißetütchen.

17. Szene

FRIGITTE Chips!

KASSIERER 3,99.

FRIGITTE Schreibs an.

KASSIERER Nein.

FRIGITTE Soll ich dir einen –

KASSIERER Nein! Und du pinkelst nicht in die Truhe!

FRIGITTE Ich muss aber.

KASSIERER Jetzt ist Schluss! Raus! Verfallsdatum endgültig abgelaufen.

FRIGITTE Nein! Ich änder mich, ich fang mit Joggen an. Das wird noch!

Der Kassierer schaltet die Truhe ab.

FRIGITTE Nein! Mach die Truhe –

ALTER MANN Ich will was sagen. Ich habe nie was gesagt. Obwohl es mir immer seltsam vorkam. Ich dachte, das hat schon alles seinen Sinn, dass ich Johannes Holzer heiße und ein Speditionskaufmann bin. Ja, und das kleine Häuschen mit dem Garten. An der Türklingel steht mein Name: Johannes Holzer. Ein fremdes Kind macht die Tür auf und sagt »Hallo Papa«. Ich streiche dem Kind über die Haare, was dem Kind unangenehm ist und mir auch. Jeden Abend pünktlich um sechs Uhr haben wir gegessen. Wir haben laut mit dem Geschirr geklappert, damit das Schweigen nicht so auffiel. Aber immer noch dachte ich, dass das wohl alles richtig sein muss so. Manche Leute haben eben ein großes Leben und andere haben eher ein kleines. So eins kann ja auch schön sein, ich hab eben eins mit einem Durchmesser von fünf U-Bahn-Stationen. Und wenn das hätte sein sollen, dass ich ein Seemann hätte sein sollen, dann wär das wohl passiert. Und so bin ich am nächsten Morgen wieder fünf Stationen mit der U-Bahn in die Firma gefahren. Ich hab nie was gesagt, aber es kam mir alles doch sehr seltsam vor. Besonders an Geburtstagen, eine Kerze mehr, ein Jahr weniger, 43, 44, 57, 65, Rente. Meine Frau ist seit zwei Jahren tot, wo mein Sohn ist, weiß ich nicht. Nun ja, und da hatte ich viel Zeit, nachzudenken. Da habe ich also mein Leben vor mich hingestellt und von allen Seiten angeschaut, die ganze Geschichte. Und ich habe so nachgedacht über das große Leben und über das kleine Leben, über mein Leben und warum da gar nichts zusammenpasst und dass das keinen Sinn macht und auch mit dem Nachdenken nicht richtiger wird. Da bin ich zu der Überzeugung gekommen, das Ganze muss eine große Verwechslung gewesen sein. *Er holt ein Fotoalbum hervor.* Schauen Sie, diese Frau, Barbara, die hab ich ja praktisch gar nicht gekannt. Das Kind war auf einmal da. Schauen Sie, sieht der mir ähnlich? Nein, das ist doch ein trauriger Angestellter, solche gibt es Hunderttausende, das bin ich nicht. Hier, der Bauplan von dem Haus. Falsch, das war nicht mein Haus, das müsste ein Bootsplan sein. Der Anzug ist auch falsch, ich hab ihn getragen, aber er hat mir nie gepasst. Hier, eine Registrierkasse, ich kann das gar nicht mit Zahlen, ich habe gar kein Zahlenverständnis, das ist alles falsch, damit hab ich nichts zu tun.

FRIGITTE Tja, dumm gelaufen.

ALTER MANN Hier, das bin ich, ich lache, ich esse einen Apfel, ich werde zur See gehen, ich werde sieben Weltmeere kreuzen! Schauen Sie, das ist der Moment, wo die Verwechslung passiert sein muss, denn das hier ist das nächste Bild, da bin ich schon Speditionskaufmann. Nehmen Sie das zurück und geben Sie mir mein richtiges Leben!

KASSIERER Sicher.

ALTER MANN Das ist ja kolossal.

KASSIERER Da brauch ich nur noch das hier. *Er nimmt ihm die Lifecard ab.*

ALTER MANN Oh, was ist das?

KASSIERER Tut nicht weh. *Er zerschneidet die Lifecard.* Gehen Sie schon mal rum, ich komm dann gleich.

ALTER MANN Ja, natürlich.

KASSIERER Darf ich Ihnen behilflich sein?

ALTER MANN Was … was wird das?

Der Kassierer stellt ihn auf das Band und startet es. Der alte Mann läuft rückwärts auf der Stelle und zieht sich aus. Dabei wird er immer jünger. Musik: »I'm in heaven …« Er hält sein altes Gesicht in der Hand, lacht und wirft es weg. Er bleibt stehen, fährt das Band entlang und springt runter.

ALTER MANN Hoppla! Ich hätte nicht gedacht, dass das so einfach geht, hehe. Weg mit den falschen Sachen. Der war so schwer, der Anzug, hehe, weg damit. Nie wieder in die Spedition, hehehe, ich werde ein Bootsbauer sein, salzige Luft, ich freu mich, das wird so aufregend.

Er läuft durch den Supermarkt. Die anderen schauen betreten auf die am Boden liegenden Kleider des toten Mannes.

TOTER MANN So, wo ist mein Boot? Hier muss ein Boot sein, ich dachte, es fängt gleich da an, wo ich mein Boot baue.

FRAU IN GUCCI 78, das ist ein hohes Alter.

EIN MANN Sieht ganz friedlich aus.

TOTER MANN Tja, wen frag ich denn da … Entschuldigung, ich suche die Werft von … tja, von wem? Ich weiß ja gar nicht, wie ich jetzt heiße.

MÄDCHEN Ich finds gemein.

KASSIERER Mitleid ist links im Regal. Was haben Sie erwartet? Dass der einfach so rausläuft? Weiß man doch.

FRIGITTE Na toll. Das baut mich jetzt wirklich auf.

TOTER MANN Das find ich schon raus, das muss irgendwo sein, das Boot. Wo gehts denn hier lang? *Er geht die Treppe hoch.*

MANN IN ARMANI Sie hätten eine Ausnahme machen können.

KASSIERER Ich mach die Preise nicht. Muss man sich halt überlegen, was man kauft.

FRIGITTE Eben. Und bevor ich das Falsche nehm, nehm ich gar nichts.

TOTER MANN *von oben* Wo bin ich denn hier? Hallo? Hier muss irgendwo ein Boot für mich sein. Hallo? Hallo?

EIN MANN Ich kanns mir immer gar nicht vorstellen. Ich weiß, das ist so, aber …

TOTER MANN *geistert durch den Schnürboden.* Nein, hier ist falsch. Hallo?

Das schwarze Mädchen holt ein Blümchen.

TOTER MANN Wie komm ich denn jetzt wieder runter? Na so was. Hallo, hallo, Sie, ich mein Sie … Ich bin hier oben.

EIN MANN In solchen Momenten denkt man immer …

TOTER MANN Hallo? Ach, so ist das. Tja, hätt ich mir ja denken können.

Der Kassierer sammelt die Reste des toten Mannes ein und stopft sie in eine große Tüte. Das Mädchen steckt die Blume an die Tüte.

KASSIERER So. Is gleich Feierabend. Die letzten Sätze bitte.

MÄDCHEN Das Leben …

FRIGITTE Ja?

MÄDCHEN Weiß nicht.

MANN IN ARMANI Das Leben … vielleicht was mit Licht … was Helles.

MÄDCHEN Gott suchte die Wildnis des Herzens wie eine Oase in … nein, blöd.

FRAU IN GUCCI Richard, mein Schatz, kommst du oder möchtest du noch beten?

MANN IN ARMANI Was soll das schon wieder?

FRAU IN GUCCI Nichts. Ich hab einfach nur gefragt, ob du noch –

MANN IN ARMANI Ja, aber wie du gefragt hast, das war schon wieder so, so … bissig.

FRAU IN GUCCI Ich habe dir einfach eine Frage gestellt, rein informativ, denn wir kriegen gleich Gäste und –

MANN IN ARMANI Mein Gott, hier ist grad jemand gestorben!

FRAU IN GUCCI Deshalb hab ich gefragt, ob du beten willst!

MANN IN ARMANI Nein, verdammt!

Sie gehen weiter einkaufen.

KASSIERER Wer zahlt die Blume? 2,50.

MÄDCHEN Blöd, ich hab jetzt nur zwei Euro.

KASSIERER Tja, dann …

MÄDCHEN *nestelt die Blume wieder weg.* Irgendwas muss sich ändern, irgendwas heißt: mein Leben …

KASSIERER *zum Publikum* Noch irgendwelche Reklamationen? Ich mach jetzt Feierabend. Wiedersehen. *Er geht über die Treppe ab.*

ENDE

BANDSCHEIBENVORFALL – EIN ABEND FÜR LEUTE MIT HALTUNGSSCHÄDEN

Das Vorzimmer zum Chef. Ein kleiner Tisch. Verschiedene Stühle. Auf einem halbhohen Regal stehen eine Kaffeemaschine, Tassen und trockene Kekse. Eine Art Theke. Im Hintergrund ein Paravent, eine Garderobe, ein großer Schrank, eine Tür mit der Aufschrift WC. Ebenfalls im Hintergrund steht eine merkwürdige bewegliche Säule, die innen hohl ist. Das fällt erst auf, wenn sie in Szene 8 benutzt wird. Viele Details erzählen vom Warten, zum Beispiel Blumen, die noch im Papier verwelkt sind, oder ein völlig verstaubter Mantel an der Garderobe. Links führen drei Stufen zu einer hohen Flügeltür. Es ist die TÜRZUMCHEF. An der Wand neben der TÜRZUMCHEF eine rote Lampe, die zusammen mit einem demütigenden Geräusch das Signal gibt, wenn einer ins Chefzimmer gerufen wird. Der Raum ist ein Zwischenraum, ein Raum im Konjunktiv, in dem man viel zu viel Lebenszeit verbringt.

Die Kollegen

Kretzky, sympathisch, alert, gutaussehend, ein Siegertyp, lässig gekleidet. Manche sagen, er sei schwul, aber man weiß es nicht genau. Er raucht Gauloises Blondes. Er weiß, dass die nächste Beförderung nur eine Frage der Zeit ist. Bevorzugte Kampftechnik: Aikido.

Hufschmidt, markanter Typ, ein Alphatier, Verspannungen im Nackenbereich, trägt nachts eine Knirscherschiene für die Zähne. Er raucht Zigarillos. Er hat es fast geschafft. Bevorzugte Kampftechnik: Kendo.

Schmitt, man sieht ihr nicht an, dass sie die Nächte durcharbeitet, denn ihr Make-up ist perfekt. Sie nimmt sich das Wochenende nur frei, wenn sie zu einem NLP-Erfolgscoaching-Seminar fährt. Hufschmidt und sie hassen sich, was sie nicht davon abhält, sich gegenseitig attraktiv zu finden. Sie raucht starke Filterzigaretten. Bevor sie raucht, knipst sie den Filter ab. Bevorzugte Kampftechnik: Kickboxen.

Kristensen, sie ist die Einzige, die an Geburtstage von Kollegen denkt. Sie ist diejenige, die das Geschenk gekauft hat und zu ihren Kollegen sagt, jetzt unterschreib noch schnell die Karte … Ihre Auslagen dafür kriegt sie nie zurück, und es ist ihr peinlich, nachzufragen. Sie glaubt immer noch, dass sich Teamgeist auszahlt. Sie geht immer wieder auf die Toilette, entweder um autogenes Training zu machen oder wegen ihres chronischen Magen-Darm-Problems. Sie raucht nicht.

Kruse, ist, wie er heißt. Jedes Team freut sich, wenn es einen Kruse gibt, denn egal, wie gedemütigt man sich selber fühlt – dank Kruse gibt es immer einen, der noch kleiner ist. Er lässt sich nichts anmerken. Kränkungen nimmt er als harmlosen Scherz unter Kollegen. Panikattacken hebt er sich für zu Hause auf. Er raucht »Leichte Auslese«, die er aus einer Schachtel Marlboro nimmt. Bevorzugte Kampftechnik: Mimikri.

(Anm. der Autorin: Intro und Schluss des Stückes finden auf einer Metaebene statt. Alle Figuren sind so oft wie möglich auf der Bühne. Auch Zweierszenen, wie z. B. »Watschn«, passieren im Beisein der anderen.)

Prolog: Der aufrechte Gang

KRETZKY Probst du manchmal vor dem Spiegel?

KRISTENSEN Wie?

KRETZKY Ich mein, stehst du manchmal vor dem Spiegel und probst, Gesten zum Beispiel oder Blicke, Bewegungen, die gut aussehen, probierst du das manchmal vor dem Spiegel?

KRISTENSEN Nein.

KRETZKY Gar nicht?

KRISTENSEN Ja, gut, doch, Kleinigkeiten, nichts Wichtiges.

KRETZKY Ja, Kleinigkeiten.

KRISTENSEN Wie ich die Haare hinters Ohr … oder wie das aussieht, wenn ich esse.

KRETZKY Du schaust dir beim Essen zu?

KRISTENSEN Na ja, man sieht sich ja nicht beim Essen, kann ja sein, man hat ne unschöne Angewohnheit, irgendeine Kieferentgleisung, von der man nichts weiß … sieht man ja nicht, so was kontrollier ich schon, vor dem Spiegel. Oder dieses Kopfwackeln, ich hab ganz schnell so ein Kopfwackeln, eigentlich immer, Tag, wie gehts dir? *Kopfwackeln.* Danke, gut … Da gehts noch, da ist es noch sympathisch und feminin, Kopfwackeln ist feminin, an und für sich ist es ein archaischer Unterwerfungsreflex, bei Hunden löst es den Beißhemmreflex aus … Auf jeden Fall wirkt es feminin, und dann kann mans ja auch benutzen, warum nicht, in bestimmten Situationen, aber ich wackel eben immer mit dem Kopf, auch wenn er ruhig sein sollte, wenn er, wenn er …

KRETZKY Wenn er nicht wackeln sollte?

KRISTENSEN Genau. Das üb ich schon oft, grade stehn und reden ohne Kopfwackeln. *Sie zeigt es.* Ich kanns auch, aber ich muss mich wahnsinnig konzentrieren, vor allen Dingen, wenn ich das mit dem Kopf hab, ziehn die Schultern nach, und das ist das Signal, dass sich mein Becken feige nach hinten verdrückt. *Sie bemerkt, dass ihre Haltung wieder unsouverän ist.* Also wieder Kopf runter …

KRETZKY Ne, Schultern runter.

KRISTENSEN Genau. Hier ganz offen. *Dehnt den Brustkorb.* Und klare, gesetzte Gesten, hier ist mein Ego, hier ist mein Ausstrahlungspunkt. *Sie steht mit aufrechter Haltung, souverän.*

KRETZKY Klappt doch ganz gut.

KRISTENSEN Was du nicht sehen kannst, ist, wie ich mich mit eingerollten Zehen an meinen Pumps festhalte.

KRETZKY Muss ja nicht alles auf einmal, aber so, was man so sieht, schön, so ne klare Ausstrahlung, konzentriert und auch sehr feminin.

KRISTENSEN *strahlt und hat einen großen Kopfwackler.* Wirklich? Ich mein *ohne Wackler* wirklich?

KRETZKY Hm. Ja.

KRISTENSEN Ehrlich gesagt, verbringe ich ziemlich viel Zeit damit, vor dem Spiegel Sachen zu üben. Umdrehn zum Beispiel, oder wie man einigermaßen raffiniert aus den Strumpfhosen kommt, also wenn man eben, du weißt schon …

KRETZKY Nein, zeig mal.

KRISTENSEN Ach, die meiste Zeit verbringe ich damit, Aggression zu üben.

KRETZKY Aha.

KRISTENSEN Vor allen Dingen spontane Aggression, das prob ich ziemlich viel.

KRETZKY Wie denn?

KRISTENSEN Na ja mit Anschreien und Schimpfwörtern und so. Das Problem ist, ich steh mir vor dem Spiegel ja selber gegenüber und, und ääh …

KRETZKY Das heißt, du beschimpfst dich selber.

KRISTENSEN Sozusagen … *Pause.* … und du?

KRETZKY Ja, Kleinigkeiten prob ich auch, zum Beispiel, wenn ich den Kopf so halte, gibts hier diese Falten.

KRISTENSEN Is mir noch gar nicht aufgefallen.

KRETZKY Doch, doch, guck mal, wie ein Basset.

KRISTENSEN Ach, komm.

KRETZKY Manchmal gefällt mir bei jemand anders was, ne Geste oder ne Bewegung, dann guck ich vor dem Spiegel, wies bei mir aussieht, oft find ich dann sogar, dass es bei mir besser aussieht als bei dem, von dem ichs hab, zum Beispiel das Kopfwackeln.

KRISTENSEN Welches Kopfwackeln?

KRETZKY Deins.

KRISTENSEN Du benutzt mein Kopfwackeln?

KRETZKY Nur manchmal. Wenn ich auch feminin sein will …

KRISTENSEN Aha.

Pause.

KRETZKY Als Olympia war, bin ich während der Siegerehrung manchmal vor den Spiegel gegangen und hab so ausprobiert, was wohl mein Gesicht wär, mein Siegergesicht, wenn ich auf dem Treppchen stünde und ne Goldmedaille – Ich glaube nicht, dass ich das jetzt grad erzählen wollte.

KRISTENSEN Macht nichts.

Pause.

KRETZKY Hast du die Ansage geprobt, du bist gleich dran, du fängst an.

KRISTENSEN Ja. Ja Ja. Ich dachte mir, es wär vielleicht schön … Ich dachte mir, dass ich gerne einen richtig großen Auftritt haben würde, und dachte mir, ich hab ein tolles geschlitztes Kleid an, nämlich das hier. *Sie holt aus ihrer Handtasche ein raffiniertes, geschlitztes Abendkleid.* Das hab ich mir gekauft als … egal … auf jeden Fall, das sieht schon gewagt aus … ich käme also in diesem Kleid so von ganz hinten, ohne Kopfwackeln mit Mikro *nimmt ein Mikro aus der Tasche* und würde sagen *ins Publikum* Welcome, Ladies and Gentlemen. Let's take a walk on the wild side.

KRETZKY Auf Englisch?

KRISTENSEN Ja. Unbedingt. Ich dachte, wenn schon, denn schon. Es wäre ein wirklich großer Auftritt. International und für den vierten Rang.

KRETZKY Aha.

KRISTENSEN Dann hätte ich gesagt: *mit souveräner Haltung* This evening is dedicated to all those fucking assholes out there who get high by putting others down and tonight we gonna stop them! *Zu Kretzky, mit verdruckster Haltung und Kopfwackeln* Also eben, dass es um Arschlöcher geht und dass man die stoppen soll …

KRETZKY Ja, hab ich verstanden.

KRISTENSEN *wieder souverän* Listen carefully! I'll only say this once. I will not be nice tonight! And I will not behave. And I'm in a very bad mood tonight. Yes, you're right! I do have my menstruation! And watch out, if I pull out my tampax, there's gonna be a mighty flood and streams of blood will drown every fucking asshole in the world!! *Zu Kretzky* Und so hätte ich das erst mal stehen lassen und nicht überlegt, ob sich da jemand vielleicht angegriffen fühlt.

KRETZKY Ja, wär ein großer Anfang gewesen.

KRISTENSEN Ja, geht noch weiter. *Zum Publikum* This evening is about power. Dignity. Beauty. *Zu Kretzky* Je nachdem hätt ich noch was richtig Lautes gesungen. Dann hätte ich noch gesagt: Don't let them fuck around with you. Beat! Burn! Bite! And don't read beauty magazines. They will only make you feel ugly. *Zu Kretzky* So in etwa hatte ich mir das überlegt.

KRETZKY Warum hast Dus nicht gemacht?

KRISTENSEN Ich hatte das Kleid schon an, dann hab ich gesehn, wie die Leute reinkamen, und auf einmal dachte ich, das wird so peinlich. Das glaubt mir keiner, und ich steh in dem Kleid da und sag »power, dignity, beauty«, und mir kiekst die Stimme weg, alle sehn mich konsterniert, mitleidig an, und oua … da hab ichs ausgezogen.

KRETZKY Schade.

KRISTENSEN Ja. Das wär nämlich auch das Kleid gewesen, in dem ich dich spontan … Wo vielleicht zwischen uns auch … was möglich gewesen wäre.

KRETZKY Tatsächlich?

KRISTENSEN Na, vielleicht …

Pause.

KRETZKY Ja … wirklich schade.

KRISTENSEN Ja.

Sie gehen zu verschiedenen Seiten ab.

1 Mit gesträubtem Nackenfell

Auftritt Kretzky. Er guckt auf die Uhr, er guckt auf die TÜRZUMCHEF. Er ist der Erste, er sichert sich den strategisch günstigsten Platz, er blättert in den Unterlagen. Hufschmidt tritt auf.

HUFSCHMIDT Morgen!

KRETZKY Morgen.

Punkt für Kretzky. Hufschmidt ärgert sich, dass er schon wieder als Erster »Morgen« gesagt hat. Hufschmidt blättert lässig in seinen Unterlagen. Kretzky blättert noch lässiger in seinen Unterlagen. Hufschmidt blättert lässig dynamisch. Kretzky blättert siegesbewusst. Hufschmidt blättert und reißt aus Versehen eine Seite ein. Punkt für Kretzky. Auftritt Schmitt.

SCHMITT Morgen!

Das »Morgen!« steht wie ein Peitschenknall im Raum. Schmitt geht zur Kaffeemaschine, wohlwissend, dass sie dem Feind den Rü-

cken zudreht. Punkt für Schmitt. Sie verheddert sich mit der Kaffeemaschine.

KRETZKY/HUFSCHMIDT *sehr freundlich* Morgen!

Punkt Kretzky/Hufschmidt. Schmitt setzt sich. Alle drei blättern in ihren Unterlagen. Punkt Schmitt. Auftritt Kristensen.

KRISTENSEN Morgen!

HUFSCHMIDT/SCHMITT Morgen!

Kretzky sagt in das »Morgen!« der anderen »Machs dir doch selbst«. Er sagt das halblaut, so dass Kristensen denkt, sie hat sich vielleicht verhört, aber er sagt es laut genug, um Kristensen aus dem Konzept zu bringen. Kristensen fängt an, in den Unterlagen zu blättern. Die anderen legen ihre Unterlagen weg und sehen Kristensen zu. Kristensen wird nervös. Kruse tritt auf.

KRUSE *stolpert.* Morgen!

Die Kollegen sagen freundlich »Morgen!«, imitieren dabei aber genau Kruses Tonfall. Kruse lässt sich nichts anmerken. Er blättert in seinen Unterlagen. Er blättert ordentlich. Er versucht gar nicht erst zu punkten. Schmitt holt ihre Zigaretten heraus. Sie hat kein Feuer. Sie nimmt Kretzkys. Kretzky holt seine Zigaretten heraus. Hufschmidt holt sein Zigarillo heraus. Er hat ein tolles Zippo-Feuerzeug. Kruse holt seine Zigaretten heraus. Er hat ein kaputtes Einwegfeuerzeug mit Stichflamme. Alle rauchen.

KRISTENSEN Ich finds nicht gut, dass jetzt alle rauchen.

Pause. Der Punkt für das lässigste Zigarilloanzünden ging an Hufschmidt. Hufschmidt steht auf. Kretzky steht auf. Hufschmidt geht zum Tisch. Kretzky geht zum Tisch. Kretzky wird das Alphatier Hufschmidt heute angreifen. Schmitt kommt dazu. Sie ist ebenfalls bereit, beim geringsten Anzeichen von Schwäche anzugreifen.

KRUSE Heut Morgen ist mir was Komisches passiert, ich bin heut Morgen aufge- …

Mit einem lauten Tonsignal leuchtet die rote Lampe auf. Kretzky knöpft sein Jackett zu und geht die Stufen hoch durch die TÜRZUMCHEF.

KRUSE Heut Morgen ist mir was Komisches passiert …

HUFSCHMIDT Sie haben sich im Spiegel gesehn.

KRUSE Ich hab mich … ha, der ist gut. Also, was mir Komisches passiert ist, ich wache heut Morgen auf …

SCHMITT Das find ich auch immer komisch, wenn ich aufwache, also nicht lustig, aber komisch, also befremdlich, also bedrohlich, also beklemmend.

HUFSCHMIDT Weil Sie sich beim Aufstehen fragen, wie jetzt, zuerst mit den Händen oder mit den Füßen?

SCHMITT Hey, Sie haben sich ein neues Witzebuch gekauft. Und einen können Sie schon auswendig. Und wir auch. Und wenn ich aufgeraucht hab, lachen wir auch drüber.

Pause.

KRUSE Ja. Sicher, manchmal ist es beklemmend, aufzustehen, aber was heute komisch war, also da muss ich dazusagen, die Damen bitte weghören, ich schlafe nackt, und als ich heute Morgen aufgewacht bin …

SCHMITT Haben Sie neben sich geguckt, und da lag Ihr Gesicht neben Ihnen, dann wussten Sie nicht mehr, wierums gehört, und haben es falschrum aufgesetzt.

KRUSE Hahaha, ja, nein. Hahaha gut, ich hab Sie verstanden.

SCHMITT Wie?

KRUSE Ich hab Sie verstanden.

Kretzky kommt aus der TÜRZUMCHEF. Er scheint irritiert, geht Richtung Kaffeemaschine, dreht auf halbem Weg wieder um, geht wieder zurück zur TÜRZUMCHEF, klopft an und geht rein. Die andern beobachten ihn. Spannung steigt.

KRUSE Gut, ich bin also aufgewacht, das Komische war, also komisch, nicht zum Brüllen komisch, aber …

HUFSCHMIDT Jetzt haben Sie das Wichtigste vergessen.

KRUSE Was?

HUFSCHMIDT Dass Sie nackt schlafen. Das muss unbedingt rein. Sonst wirds nicht komisch.

KRUSE *verletzt* Ja.

Pause.

HUFSCHMIDT Und?

KRUSE Ach, war nicht so komisch. War eher …

SCHMITT Tragisch.

KRUSE Ja. Tragisch.

Kretzky kommt zurück. Er hat ein albernes Papphütchen auf dem Kopf und in der Hand seine abgeschnittene Krawatte. Er setzt sich und versucht, so souverän wie möglich auszusehen. Pause.

KRETZKY Darf man nicht so ernst nehmen … noch n Kaffee – war nur Spaß.

Tonsignal, die Lampe blinkt, Kruse geht durch die TÜRZUMCHEF. Er kommt sofort wieder. Er versucht, sich nichts anmerken zu lassen. Er setzt sich. Er schwitzt und zittert vor Angst. Er steht offensichtlich unter Schock. Erneutes Signal, die Lampe blinkt. Kristensen war eben auf dem Weg zur Toilette, sie verkneift es sich, rennt die Stufen hoch, erinnert sich noch an ihr letztes Selbstbewusstseinsseminar und geht ohne Kopfwackeln und aufrecht durch die TÜRZUMCHEF.

3 Work-out

Rhythmus und Dynamik je nach Kondition.

HUFSCHMIDT Papiere in der Tasche, das Handy hab ich aus, 4 Treppen bis zur Tür. Ich klopfe an, tock tock, ich wart auf das ja bitte, ja bitte, kurze Pause, ich mach die Tür auf, ich geh rein. Ich bleibe in der Tür stehn. Ich suche Blickkontakt. Ich sage Morgen. Ich mach die Tür zu, ohne Umdrehn, immer noch im Blickkontakt. 3 Schritte bis zum Schreibtisch. Ich stell die Tasche ab. Ich setz mich hin, ich sitze. Beine übernander, immer noch frontal, ich sage nichts. Kaffee? Gerne. Milch und Zucker? Bitte. Zigarette? Ja, warum nicht, gelegentlich, so hin und wieder. Dann kommt der Witz, ich lache. Schon amüsiert, auch nicht zu laut, so hahaha, ja, der ist gut. *Er kommt aus dem Konzept. Fängt noch mal an.* Papiere in der Tasche, das Handy hab ich aus,

4 Treppen bis zur Tür. Ich klopfe an, tock tock, ich wart auf das ja bitte, ja bitte, kurze Pause, ich mach die Tür auf, ich geh rein. Ich bleibe in der Tür stehn.
Ich suche Blickkontakt.
Ich sage Witz. *Fängt noch mal an.*
Papiere in der Tasche, das Handy hab ich aus, vier Treppen bis zur Tür. Ich klopfe an, tock tock, ich wart auf das ja bitte, ja bitte, kurze Pause, ich mach die Tür auf, ich geh rein. Ich bleibe an der Tür stehn.
Ich suche Blickkontakt. Ich sage Morgen. Ich mach die Tür zu, ohne Umdrehn, immer noch im Blickkontakt. 3 Schritte bis zum Schreibtisch. Ich stell die Tasche ab. Ich setz mich hin, ich sitze.
Beine übernander, immer noch frontal, ich sage nichts.
Kaffee? Gerne. Milch und Zucker? Bitte. Zigarette? Ja, warum nicht, gelegentlich, so hin und wieder.
Dann kommt der Witz, ich lache. Schon amüsiert, auch

SCHMITT Konzept hab ich im Kopf, das Handy hab ich aus. Vier Treppen bis zur Tür.
Ich klopfe an, tock, tock, ich warte nicht auf das ja bitte, ich geh gleich rein.
Ich suche Blickkontakt, ich sage Morgen!
Ich mach die Tür zu, dann drehe ich mich langsam um, dann wieder Blickkontakt.
5 Schritte bis zum Schreibtisch. Ich zieh die Jacke aus, ich setz mich hin.
Ich lass die Jacke besser an, sonst entsteht der Eindruck, ich wollte meinen Busen zeigen.
5 Schritte bis zum Schreibtisch. Die Jacke lass ich an. Ich setz mich hin.
Ich denk nicht dran. Ich zieh die Jacke aus. Ich muss meinen Busen nicht verstecken.

nicht zu laut, so hahaha,
ja, der ist gut. So.
Zigarette in der Linken,
Kaffeesahne in den Kaffee,
die Kaffeesahne weg und
Zucker in den Kaffee,
Zigarette in den Ascher,
Papiere aus der Tasche,
Füller im Jackett, Papiere
auf dem Tisch. Blick in die
Augen, Zigarette aus dem
Ascher, ein Exemplar nach
drüben, Brille aus Etui,
Stimme ruhig, dann langsam sprechen ohne Panik,
ich sage, was mir aufgefallen ist … Dann Pause,
dann ruhig blättern Seite 4,
souveränes Blättern Seite 4,
den Füller aus dem Ascher,
quatsch, aus dem Etui.
Die Zigarette aus dem
Ascher, Papiere aus der
Tasche, nein, sind schon
auf dem Tisch …
Moment …
Die Kaffeesahne in den
Kaffee, die Kaffeesahne
weg, Zucker in den Kaffee,
Zigarette in den Ascher,
hier! Papiere aus der
Tasche, Füller im Jackett,
Papiere auf dem Tisch.
Das ist halt so, ich bin nun
mal eben eine Frau.
5 Schritte bis zum Schreibtisch. Ich zieh die Jacke
aus. Ich setz mich hin.
Ich sitze so ganz lässig, so
als Frau.
Beine übernander, Hände
auf dem Knie.
Kaffee? Gerne. Milch und
Zucker? Danke, schwarz.
Zigarette, danke, ja.
Dann kommt der Witz.
Ich lache drüber, nicht zu
unterwürfig, eher so kollegial. So haha … haha, ja,
der ist gut.
Ich strahle Kompetenz
aus, Offenheit und Kompetenz.
So.
Zigarette in der Linken,
Papiere auf dem Tisch, die
Brille im Etui. Konzept hab
ich im Kopf. Zigarette in
den Ascher. Immer noch
mit Blickkontakt, der Blick
ist offen, nicht zu sexy. Es
geht um Kompetenz, das ist
kein Flirt. Zigarette in den
Ascher, jetzt nehm
ich die Brille, Brille aus
Etui. Das Etui bleibt liegen,

Blick ins Etui, quatsch,
Blick in die Augen, Stimme
ruhig, Stimme ruhig, langsam sprechen ohne Tasche,
langsam sprechen ohne
Panik. Ein Exemplar nach
drüben, nein das war
schon.
Die Kaffeesahne in den
Kaffee, die Kaffeesahne
weg, Zigarette in den Kaffee, quatsch.

Zigarette in den Ascher,
Kaffeesahne ins Etui, die
Kaffeesahne weg und
Zucker in den Kaffee, dann
der Blick aufs Knie.
Quatsch. Kompetenz in
den Ascher, Kompetenz in
der Panik. Zigarette in den
Ascher, die Panik auf dem
Tisch, Zigaretten übernander, die Brille auf das Knie.
Quatsch, Brille auf der
Nase, noch mal Schluck aus
der Kaffeetasse, Vorsicht
mit dem Lippenstift,
quatsch, Vorsicht mit dem
Knie. Knie übernander,
Hände auf dem Knie.

noch mal Schluck aus Kaffeetasse.
Vorsicht mit dem Lippenstift.
Brille auf der Nase, Papiere
auf dem Tisch, Blickkontakt mit Kompetenz.
Ruhig blättern, erste Seite,
ich sag, es geht um Kompetenz 2002, quatsch, es
geht um das Konzept 2002.

Zigarette in den Ascher,
jetzt nehm ich die Brille.
Brille aus Etui. Das Etui
bleibt liegen, noch mal
Schluck aus Kaffeetasse.
Vorsicht mit dem Lippenstift.
Brille auf der Nase, Papiere
auf dem Tisch, Blickkontakt mit Flirten, quatsch,
ohne Flirten.
Zigarette in der Linken,
Papiere auf dem Tisch,
Konzept hab ich im
Ascher, quatsch.
Zigarette in den Ascher,
Kaffeesahne in den Kaffee,
quatsch.
Zigarette in der Nase,
Brille im Etui.
Zigarette in den Ascher,

<table>
<tr><td></td><td>immer noch mit Blick-
kontakt, es geht um Flirt,
es geht um Flirt …
Die Brille in den Ascher,</td></tr>
<tr><td>Papiere in der Asche und
das Knie auf dem Tisch,
Stimme panisch, das Etui
ist ruhig.</td><td>da passt die gar nicht rein,
was andres in den Ascher,
das Konzept passt rein.
Quatsch.
Die Beine übernander, die
Jacke im Etui, das Etui in
der Tasche, Kompetenz.
Das Konzept in dem</td></tr>
<tr><td>Tapiere in der Lasche und
die Hand auf dem Knie.
Vampire in der Tasche und
die Tasche auf dem Knie.</td><td>Ascher, den Ascher ins
Etui, das Etui in die Jacke,
ich zieh die Jacke aus.
Das Aus für die Jacke, das
Konzept für das Knie, die
Kompetenz in die Tasche,
und die Tasche in die Asche.
Die Vampire aus der Asche,
Kompetenz für das Knie,
Knie in den Kaffee, danke –
schwarz.</td></tr>
<tr><td>Zigarette in die Jacke, ich
zieh die Jacke aus, ich bin
eine Frau.</td><td>Schwarz ist die Asche, hell
das Papier. Ja gut, das weiß
ich ja.
Kompetenz in der Tasche
und die Tasche in der Jacke.
Kompetenz in der Asche,
dann die Asche in den Kaf-
fee, dann den Kaffee in die
Jacke.
Den Kaffee in die Jacke …</td></tr>
</table>

Die Frau in der Tasche, Papiere auf dem Tisch. Quatsch – die Frau auf dem Tisch und die Papiere in der Tasche – so.	den Kaffee in die Jacke, ich zieh die Jacke aus. Ich zieh die Jacke aus, ich bin eine Frau.
Die Frau auf dem Knie, Kompetenz in der Masche, Blickkontakt auf das Etui.	Beine übernander. Hände auf dem Knie.
Die Knie in der Tasche, die Frau hab ich aus. Papiere in der Tasche, das Handy hab ich aus …	 Papiere in der Tasche, das Handy hab ich aus …

Tonsignal, Lampe blinkt. Schmitt und Hufschmidt werden unterbrochen. Schmitt geht durch die TÜRZUMCHEF.

4 Ein gutes Gespräch

Kristensen kommt aus der TÜRZUMCHEF. Sie ist offensichtlich positiv überrascht. Sie bleibt an der Tür stehn.

KRUSE Ja?

KRISTENSEN Ja. Ja. Nö, das, das ja … das war jetzt mal … ein gutes Gespräch, also, ja, doch ich glaub, ich konnte mich schon formulieren.

Sie geht zur Kaffeemaschine, in ihrem Rücken steckt ein großes Schlachtermesser. Kruse und Hufschmidt bemerken es und sind entsetzt. Sie überlegen, ob sie Kristensen darauf aufmerksam machen sollen.

KRETZKY Kaffee?

KRISTENSEN Eigentlich trink ich keinen Kaffee, ach, ja ausnahmsweise, danke. Ich bin richtig … doch, war richtig gut.

KRETZKY Ist doch schön.

KRISTENSEN Ich war schon gut vorbereitet, das muss ich sagen, ich hatte mir vorher genau überlegt, das und das und was nicht …

KRETZKY Ja, das ist wichtig, dass man das selber vorher ganz genau weiß.

KRISTENSEN Ehrlich gesagt, ich hatte mir schon Sorgen gemacht, ob da nicht doch noch irgendwas … Aber ne … war richtig gut.

KRETZKY Ja dann … trinken wir n Sekt heut Abend.

KRISTENSEN Oh ja, da freu ich mich.

Kruse hat vorsichtig das Messer rausgezogen.

KRETZKY Und danach gehen wir ins Kino. Wir schaun was ganz Verbotenes, die »Braut, die sich nicht traut« oder »Vier Tage bis zur Hochzeit« …

KRISTENSEN Das wär ja was, oh ja, einfach so … unter der Woche … Ich wollte heute eigentlich länger bleiben und noch …

KRETZKY Nix. Wir trinken Sekt heut Abend …

KRISTENSEN Ja, das machen wir …

Kruse weiß nicht, wohin mit dem Messer und steckt es heimlich wieder in den Rücken von Kristensen.

KRISTENSEN *zu Kruse* Was machen Sie denn da?

KRUSE Ich wars nicht … Ich habs nur da … wos war.

Kristensen hat immer noch nichts bemerkt. Aus der TÜRZUMCHEF kommt Schmitt, anfangs unbemerkt. Der Dialog an der Kaffeemaschine geht weiter. Schmitts Gesicht ist nicht mehr da. Stattdessen ist da ein großer Teigklumpen. Schmitt versucht, sich eine Zigarette anzustecken, sie bemerkt ihre Gesichtsdeformation. Sie versucht, den Teigklumpen so zu formen, dass er ihrem Gesicht wieder ähnlich wird. Es misslingt. Auf einmal hat sie ein Stück Teiggesicht in der Hand. Sie weiß nicht, wohin damit. Sie isst es auf.

KRISTENSEN *zu Kretzky* … man muss auch mal spontan …

KRETZKY Genau, nebenbei noch so ein bisschen leben.

KRISTENSEN Wann ich das letzte Mal abends weggegangen bin, einfach so …

KRETZKY *lacht.* Ja, bei mir auch, ich kann mich noch erinnern, dass Mittelscheitel Mode war.

Kruse wischt heimlich Blut vom Messer an Kristensen ab …

KRISTENSEN *versteht das als plumpe Anmache.* Jetzt reichts aber. *Zu Kretzky* Das gönnen wir uns heute einfach.

KRETZKY Genau. Noch Kaffee?

KRISTENSEN Bloß nicht … mir ist jetzt schon ganz komisch …

Man bemerkt Schmitt, die gerade dabei ist, ihr Gesicht aufzuessen. Schmitt merkt, dass sie beobachtet wird, und geht so souverän wie möglich Richtung Toilette, so, als wollte sie sich nur die Nase pudern. Die Kollegen kichern. Tonsignal, Lampe blinkt. Hufschmidt geht durch die TÜRZUMCHEF.

KRISTENSEN *will sich setzen. Sie entdeckt das Messer.* Also das ist doch … also … jetzt ist Schluss, also …

KRUSE So gehts gar nicht.

KRISTENSEN Ich bin jetzt so … ich … das ist so … das ist so … ne, und ich hab noch … ich sag noch … das war ein gutes Gespräch …

Auftritt Hufschmidt. Es geht ihm gut.

KRISTENSEN Ich fühl mich so … ne.

KRUSE Wenns Ihnen was bringt, könnt ich Sie jetzt in den Arm nehmen.

KRISTENSEN Danke, ich glaube, das bringt mir nichts.

Hufschmidt geht durch den Raum, gibt Kruse im Vorbeigehen eine schallende Ohrfeige und lässt ihn stehen. Kruse ist so überrascht, dass er nicht weiß, ob das wirklich passiert ist.

5 Watschn

Hufschmidt kommt wieder. Er gibt Kruse eine zweite Ohrfeige, dass es kracht, und lässt ihn stehen.

KRUSE *sehr verzögert* Au! So! So! Ja!! Nein! Und?! Aha. Da bin ich jetzt wohl verwechselt worden. Denn ich hab dem ja nix getan. Hat er mich wohl mit jemandem verwechselt … meine Herrn, wird ihm das peinlich sein, wenn er das gemerkt hat. In seiner Haut möchte ich nicht stecken. Das kostet was. Da is ne ordentliche Entschuldigung fällig. Und noch mehr. Was sag ich denn, wenn er sich entschuldigt, sag ich vielleicht: Hat schon weh getan, ja, aber Schwamm drüber, passiert jedem mal. Vielleicht lädt er mich zum Essen ein, dann sag ich vielleicht …

Hufschmidt kommt. Kruse in gespannter Erwartung auf die Entschuldigung.

KRUSE Ja?

Hufschmidt gibt ihm noch eine Ohrfeige, dass es kracht, und lässt ihn stehen.

KRUSE Aha. Ja. So kann man sich auch entschuldigen!! Dazu sag ich gar nix. So nicht! Da kann man sich denken, wies in dem aussieht! Ich mein, da muss schon was vorgefallen sein, da muss man schon wirklich einen Hals haben, dass man grundlos … völlig grundlos! … Vielleicht war das so, dass seine Frau ihm heute Morgen gesagt hat, dass Schluss ist, nach achtzehn Jahren, oder vielleicht kommt er nach Hause und sieht einen fremden Mann in seinem Bademantel. Kommt ins Bad, und da steht jemand Fremdes und sagt … »Morgen«. Und er hat sich einfach umgedreht und ist gegangen, meine Herrn, muss der innerlich explodiert sein, Wahnsinn. Ich geh davon aus, dass er seine Frau sehr geliebt hat, sonst wär er nicht so ausgerastet. Und dann sieht er mich, und ich sag auch … »Morgen«, vielleicht genau so wie der im Bademantel, und peng ist er explodiert. Kurzschluss. Ja. Vielleicht dachte er auch, dass ich auch was mit seiner Frau hatte, ich mein, weil ich auch »Morgen« gesagt hab … Irgendwie tut der mir leid.

Hufschmidt kommt.

KRUSE Ich wollte nur zwei Sachen sagen. Erstens, ich hatte nie was mit Ihrer Frau, und zweitens kann ich irgendwie Ihre Situation verstehen, ich meine, mir gings mal so, ich war mit einer Frau zusammen, und auf einmal sagt sie …

Hufschmidt gibt ihm eine Ohrfeige, dass es kracht, und lässt ihn stehen.

KRUSE Ich vermute Potenzprobleme. Ja. Kriegt keinen mehr hoch. Impotenter Waschlappen!! Meine Herrn, der muss Probleme haben. Der ist fertig. Und so muss man die Sache sehen. Das hat mit mir nichts zu tun. Sich gar nicht drauf einlassen.

Hufschmidt kommt. Er gibt ihm eine Ohrfeige, dass es kracht, und lässt ihn stehen. Kruse hat den Reflex, zurückzuschlagen, beherrscht sich aber.

KRUSE Nein. Das mache ich nicht. Hände in die Taschen! In die Taschen!!!! Ich mache jetzt nichts Unüberlegtes!!! Das wär jetzt ein Fehler. Obwohl ich schon … merke … da ist jetzt bei mir schon auch … Emotion im Spiel … denn das waren ja doch fünf Ohrfeigen! Und da könnte das normalerweise schon passieren, dass man auch irgendwie … die Kontrolle verliert … und das wär der Fehler. Denn das ist ja nicht normalerweise … normalerweise kriegt man nicht fünf Ohrfeigen. Vielleicht mal eine, ja, oder zwei, aber fünf … da glaube ich nicht mehr an Zufall! Und das muss man bei der möglichen Reaktion berücksichtigen. Wichtig ist jetzt erstens: Ich lass mir nix anmerken. So. Zweitens: Ich brauche weitere Informationen. Denn wenn man davon ausgeht, dass das Absicht war, dann soll ja eine bestimmte

Reaktion provoziert werden, das ist ja eingeplant … und da muss man ansetzen, in der Reaktion, die muss dann gut überlegt sein, die muss sitzen …

Hufschmidt kommt. Er will an Kruse vorbeigehen.

KRUSE Ich bin hier.

Hufschmidt gibt ihm eine Ohrfeige, dass es kracht, und lässt ihn stehen.

KRUSE Also, das war jetzt saublöd von mir. Also, die kann ich ihm jetzt gar nicht anlasten, da hab ich ja noch … also wenn man so saublöd ist … also … da musste er jetzt denken, dass das in Ordnung ist, also gut, die letzte … geht auf meine Kappe. Das entschuldigt die andern nicht, aber … gut. Is passiert. In Zukunft einfach besser aufpassen.

Hufschmidt kommt.

HUFSCHMIDT *freundlich* Morgen!

KRUSE Was?

Hufschmidt gibt ihm eine Ohrfeige, dass es kracht, und lässt ihn stehen.

KRUSE … also die hätt er sich wirklich sparen können!! Ich hab das schon verstanden, dass er mit mir sprechen wollte. Er hat »Morgen« gesagt. Ich kann Entschuldigungen schon lesen. Und das war eine. Hat ers doch gemerkt. Hat »Morgen« gesagt und wollte weitersprechen, vermutlich wars ihm dann doch zu peinlich, was verständlich ist in seiner Situation, ich möcht in seiner Haut nicht stecken, aber dann hätt er es doch sagen können, dann kann man drüber reden! Die hätt er sich sparen können! Na ja, aber wenigstens sind wir in Kontakt. Schon mal ein Anfang.

Hufschmidt kommt.

KRUSE Einen Moment! Sie haben mir ja jetzt sieben Ohrfeigen und wahrscheinlich eine achte in Vorbereitung, und … ich finde … man sollte darüber sprechen.

HUFSCHMIDT *freundlich, sachlich* Klar.

KRUSE Ja, dann …

HUFSCHMIDT Jetzt ist grad schlecht. Ich hab einen wichtigen Termin. Sagen wir in einer halben Stunde.

KRUSE Ja, kann ich mir vorstellen. Gut, in einer halben Stunde.

HUFSCHMIDT Bis gleich. *Er gibt ihm eine Ohrfeige, dass es kracht, und lässt ihn stehen.*

KRUSE Na ja, eigentlich hab ich auch einen Termin, aber – das ist jetzt wichtiger. Was mir nicht gefällt an der Situation, ist, dass ich … jetzt … also warte! Ich mein, ich könnt jetzt schon gehen, aber dann sieht das natürlich so aus, als ob ich … ich denk nicht dran, jetzt wegzugehn. Nicht nach allem, was passiert ist! Ich denk nicht dran. Nicht mit mir.

HUFSCHMIDT *kommt. Gibt ihm eine Ohrfeige, dass es kracht.* Wir sprechen drüber. *Lässt Kruse stehen.*

KRUSE Wir sprechen drüber! *Pause.* Jetzt ist das schon eine Dreiviertelstunde her. Wir hatten gesagt, in einer halben. Sauber, sag ich, sauber. Das wird ein langes Gespräch.

HUFSCHMIDT *kommt. Freundlich, sachlich* Hatten wir einen Termin?

KRUSE Ja, wir hatten einen Termin! Und Sie sind eine Viertelstunde zu spät!

HUFSCHMIDT Das tut mir leid. Um was ging es?

KRUSE Es … es … es ging um die Ohrfeigen.

HUFSCHMIDT Um die, um die … ah. Ja. Aha. Was ist damit?

KRUSE Ich … ich finds nicht richtig. Also, ich glaube, ich kann Ihre Situation verstehen, aber es ist doch so, dass ich es nicht richtig finde.

HUFSCHMIDT Ich denk drüber nach. *Lässt ihn stehen.*

KRUSE Na also. Muss man nur dementsprechend auftreten und dann klar sagen, was Sache ist.

Hufschmidt kommt wieder, gibt ihm eine Ohrfeige, dass es kracht, und lässt ihn stehen.

KRUSE So. Ich kann nur sagen, auch meine Geduld hat ein Ende!!

Pause. Hufschmidt dreht sich um, gibt ihm eine Ohrfeige, dass es kracht.

KRUSE So gehts gar nicht!!

Hufschmidt gibt ihm eine Ohrfeige, dass es wirklich kracht. Er lässt ihn stehen.

KRUSE Aha. So gehts also doch. So. Was jetzt klar ist, die Geschichte dauert länger. Da muss man sich drauf einstellen. Das kann jetzt dauern. Vielleicht Jahre. Oder auch ein Leben lang. Ich hab meinen Teil geleistet, die Sache in Ordnung zu bringen. Ich sag da jetzt nichts mehr dazu.

6 High Noon

Hufschmidt und Schmitt, später Kretzky.

HUFSCHMIDT Morgen!

SCHMITT Morgen!

HUFSCHMIDT Haben Sie schon gehört, wir werden jetzt zusammenarbeiten.

SCHMITT Ja, hab ich schon gehört – ICH KOTZ GLEICH – und ich freu mich drauf.

HUFSCHMIDT Vielleicht sollten wir uns schon mal treffen und über unsre – ICH HAB SCHON GEKOTZT – unsre Ideen sprechen.

SCHMITT Ja, das wär gut – KOMM MIR NICHT SO NAH, DU ARSCHLOCH – find ich gut.

HUFSCHMIDT Ich bin schon ganz gespannt, was Sie sich so – GEH DOCH N SCHRITT ZURÜCK.

SCHMITT ICH BLEIB GENAU HIER STEHN.

HUFSCHMIDT SEHN WIR JA, WERS LÄNGER AUSHÄLT – was Sie sich dazu so ausgedacht haben. Wie wärs, treffen wir uns morgen, vielleicht am einfachsten in meinem Büro.

SCHMITT VERGISS ES, DU ARSCHLOCH – Moment, ich muss grad überlegen – DAS TRÄUMST DU, DASS ICH IN DEIN BÜRO KOMME.

HUFSCHMIDT Wie wärs mit 14 Uhr?

SCHMITT Wie wärs – WENN DU DIR DIE KUGEL GIBST – wenn wir zusammen essen gehen, so um 14:30, gibt ein nettes Restaurant, den Jadegarten – UND WENN DU NEIN SAGST, SIEHT ES AUS, ALS KANNST DU DIRS NICHT LEISTEN – da gibts ganz gutes Sushi – DAS TRÄUMST DU, DASS ICH IN DEIN BÜRO KOMME – essen Sie gern Sushi?

HUFSCHMIDT In Begleitung einer schönen Frau … jederzeit, ich lad Sie ein – UND NACHHER SAGST DU GANZ BRAV »DANKE«.

SCHMITT Oh, das ist ja nett – DU WEISST NOCH NICHT, DASS ICH FÜR MEHR ALS 1000 EURO SUSHI ESSEN KANN UND WIE NETT ICH MICH BEDANKEN WERDE.

HUFSCHMIDT Auf meiner Japanreise …

SCHMITT DU HAST SCHUPPEN AUF DEM KRAGEN.

HUFSCHMIDT Auf meiner Japanreise hatte ich das Glück …

SCHMITT DU HAST SCHUPPEN AUF DEM KRAGEN.

HUFSCHMIDT … einen Sushimeister kennenzulernen.

SCHMITT DU HAST SCHUPPEN AUF DEM KRAGEN.

HUFSCHMIDT Das war sehr faszinierend, denn die Japaner …

SCHMITT DU HAST SCHUPPEN AUF DEM KRAGEN.

HUFSCHMIDT Es geht immer drum, in der Verrichtung von Alltäglichkeiten …

SCHMITT DU HAST SCHUPPEN AUF DEM KRAGEN.

HUFSCHMIDT *zieht die Jacke aus.* … die perfekte Form zu finden – ICH MACH DICH FERTIG, DU STÜCK SCHEISSE.

SCHMITT SELBER SCHEISSE – Ich war mal bei einer japanischen Teezeremonie eingeladen …

HUFSCHMIDT Tatsächlich, ist ja interessant, müssen Sie mir morgen ausführlich von erzählen – UND DU KOMMST DOCH IN MEIN BÜRO – ich hab in meinem Büro eine wunderschöne japanische Teeschale.

SCHMITT KANNST DU VERGESSEN.

HUFSCHMIDT Die zeig ich Ihnen gern.

SCHMITT ICH ZEIG DIR WAS GANZ ANDERES, DU JAPANWICHSER.

HUFSCHMIDT LESBENFOTZE.

SCHMITT Interessant, bei Gelegenheit müssen Sie mir die unbedingt mal zeigen.

HUFSCHMIDT Wenn Sie möchten, kommen Sie doch gleich noch in mein Büro.

SCHMITT Vielleicht ein bisschen später – WENN DU DEINEN 16-UHR-TERMIN HAST – so um vier?

HUFSCHMIDT Vier ist schwierig, da hab ich n Termin.

SCHMITT DAS WEISS ICH DOCH, DU WICHSER.

HUFSCHMIDT Wird wohl länger dauern. Es stehn da ja doch jetzt Veränderungen an.

SCHMITT Das stimmt. – WELCHE GOTTVERDAMMTE VERÄNDERUNG, WAS WEISS ICH DA SCHON WIEDER NICHT? – Na ja, das ist ja auch ganz sinnvoll.

HUFSCHMIDT Ja, so geht das ja nicht weiter. – DAS MÖCHTST DU GERNE WISSEN, UM WAS ES DA WOHL GEHT – Das steht ja schon länger an. – JETZT GEHT DIR DER ARSCH AUF GRUNDEIS.

SCHMITT DU MACHST MIR KEINE ANGST, DU MACHST MIR KEINE ANGST, WAS IST DA SCHON WIEDER LOS, WOVON ICH GAR NICHTS WEISS.

HUFSCHMIDT Vorher muss ich noch mit Haller sprechen.

SCHMITT WAS HEISST DAS DENN, WARUM IST DER AUF EINMAL MIT DABEI? – Ja, ich hab mich auch schon mit ihm getroffen.

HUFSCHMIDT WAS HEISST DAS DENN, WAS HABT IHR DENN ZU BESPRECHEN?

SCHMITT JETZT GEHT DIR DER ARSCH AUF GRUNDEIS.

HUFSCHMIDT DU MACHST MIR KEINE ANGST – Ich wunder mich, dass Sie nicht mit dabei sind.

SCHMITT DU HAST N WICHSFLECK AUF DER HOSE.

HUFSCHMIDT ICH HABE KEINEN WICHSFLECK AUF DER HOSE – Immerhin geht Sie das Ganze auch was an.

SCHMITT DU HAST N WICHSFLECK AUF DER HOSE.

HUFSCHMIDT Das wundert mich, dass Sie nicht mit dabei sind.

SCHMITT DU HAST N WICHSFLECK AUF DER HOSE.

HUFSCHMIDT Vermutlich ein Versehn.

SCHMITT Was?

HUFSCHMIDT Ein Versehn, dass man Ihnen nicht Bescheid gesagt hat.

SCHMITT Ach, ich bin sicher, dass ich über die wesentlichen Sachen informiert bin – SO NE SCHEISSE, IRGENDWAS PASSIERT SCHON WIEDER OHNE MICH – außerdem treffen sich ja nachher alle noch beim Squash – UND DA BIST DU NICHT DABEI, UND FICK DICH SELBST.

HUFSCHMIDT Beim Squash ... ah, ich hab leider keine Zeit – WIE? ALLE TREFFEN SICH BEIM SQUASH, WAS IST DENN DAS SCHON WIEDER – ich treff noch n Kollegen – VON WEM GEHT DAS SCHON WIEDER AUS?

SCHMITT VON MIR, DU ARSCH – Ach, das war so ne spontane Idee, nicht geschäftlich, so ganz zwanglos.

HUFSCHMIDT Ja, verstehe.

KRETZKY Morgen!

HUFSCHMIDT/SCHMITT Morgen!

SCHMITT Und wie läufts?

KRETZKY Ganz gut!

HUFSCHMIDT DU HAST HIER GRADE NOCH GEFEHLT.

SCHMITT VERPISS DICH.

KRETZKY Ich hab gehört, Sie werden jetzt zusammenarbeiten.

HUFSCHMIDT Ja, wir freun uns drauf.

HUFSCHMIDT/SCHMITT ICH KOTZ GLEICH.

KRETZKY Na ja, es stehn ja einige Veränderungen jetzt ins Haus.

SCHMITT WAS WEISST DENN DU DARÜBER?

KRETZKY MEHR ALS DU.

HUFSCHMIDT Ja, es gibt da um 16 Uhr ein Meeting.

KRETZKY Ja, das stimmt, eins ist um 16 – UND ICH MÖCHTE WISSEN, WER VON EUCH DA MITMISCHT – das andere ist ja dann um 18 Uhr.

Pause.

HUFSCHMIDT Um 18 Uhr?

SCHMITT DAS HAST DU GEDREHT, DU ARSCHLOCH!

KRETZKY GANZ GENAU, DAS HAB ICH GEDREHT – Es wundert mich, dass Sie da nicht drüber informiert sind.

SCHMITT DER IST GEFÄHRLICH, DER MUSS WEG.

HUFSCHMIDT MACH IHN AN, DER STEHT AUF DICH.

SCHMITT Wir treffen uns heut Abend, so ganz zwanglos zum Squash.

KRETZKY Leider habe ich den 18-Uhr-Termin – EUCH MACH ICH FERTIG. ICH MACH DICH FERTIG, UND DANN MACH ICH DICH FERTIG.

SCHMITT UND ICH MACH ERST DICH FERTIG UND DANN DICH.

HUFSCHMIDT UND ICH MACH EUCH BEIDE FERTIG.

KRETZKY ICH MACH EUCH FERTIG.

SCHMITT PROBIERS DOCH.

HUFSCHMIDT ARSCHLOCH.

KRETZKY Wie wärs, wenn Sie später noch in mein Büro kämen, sagen wir so 20 Uhr? Ganz zwanglos, es gibt ja doch einiges zu besprechen.

HUFSCHMIDT WAS WEISST DU SCHON WIEDER?

SCHMITT DU HAST SCHWITZFLECKEN UNTERM ARM.

HUFSCHMIDT Um 20 Uhr …

SCHMITT DU HAST SCHWITZFLECKEN UNTERM ARM.

HUFSCHMIDT Vielleicht könnten wir was essen gehen.

SCHMITT DU HAST SCHWITZFLECKEN UNTERM ARM.

KRETZKY Ja, warum nicht – UND DU KOMMST DOCH IN MEIN BÜRO.

SCHMITT DU HAST SCHWITZFLECKEN UNTERM ARM.

KRETZKY *zu Schmitt* VERGISS ES.

SCHMITT SCHEISSE.

HUFSCHMIDT ICH KRIEG DICH SO AM ARSCH.

KRETZKY SELBER ARSCH – Ich hab Ihr Konzept gelesen, und ich finds ganz toll – ICH BIN VIEL ZU NETT, ICH STOPF EUCH VOLL MIT NETTIGKEITEN – man merkt, dass Sie sich wirklich auseinandergesetzt haben.

HUFSCHMIDT LASS DIR NIX ERZÄHLEN, ER HATS NICHT GELESEN.

SCHMITT FICK DICH DOCH.

KRETZKY Ich finde den Rahmen für das Ganze zu klein.

HUFSCHMIDT DAS GLAUB ICH NICHT!

KRETZKY Ich würde gern mit Ihnen drüber reden.

HUFSCHMIDT DER SEIFT DICH EIN!

SCHMITT ICH BIN NICHT BLÖD, DAS MERK ICH SELBER.

KRETZKY Ich habe eine Idee, wie man das in einem größeren Rahmen …

SCHMITT UND DANN WILLST DUS ALS DEINS VERKAUFEN.

KRETZKY WAS DENKST DU DENN.

HUFSCHMIDT VERGISS ES, LASS DICH NICHT DRAUF EIN.

KRETZKY VORSICHT, ICH HAB UM 18 UHR EIN MEE-

TING – Also, ich finde, dass Ihre Arbeit nicht so gewürdigt wird, wie sie das verdient hätte, und ich würde da sehr gern mit für sorgen, dass da mehr Aufmerksamkeit … – DU KANNST EH NICHT ANDERS, ICH BIN VIEL ZU NETT.

SCHMITT ICH WEISS SCHON, SEIFENARSCH – Das freut mich wirklich, dass Sie das jetzt sagen.

HUFSCHMIDT HAST DU NOCH DEINE INSEKTENPHOBIE?

KRETZKY HÖR AUF, DU SCHWEIN, HÖR BLOSS AUF DAMIT.

HUFSCHMIDT AHA, DU HAST SIE NOCH. Also, wenn Sie möchten, kommen Sie doch später noch in mein Büro.

SCHMITT ICH KOMM NICHT IN DEIN BÜRO.

HUFSCHMIDT Ah, jetzt dachte ich für einen Moment, dass das ein Ohrwurm wär …

KRETZKY Haa …!

HUFSCHMIDT Ja, wegen dem 20-Uhr-Termin.

SCHMITT DU HAST N OHRWURM AUF DEM HEMD.

KRETZKY Wegen dem … ah, ja.

SCHMITT DU HAST N OHRWURM AUF DEM HEMD.

KRETZKY HÖR AUF DAMIT – Wie gesagt, ich bin heute länger da.

SCHMITT DU HAST N OHRWURM AUF DEM HEMD.

KRETZKY Und ich würd mich sehr freuen, wenn …

SCHMITT DU HAST N OHRWURM AUF DEM HEMD.

KRETZKY PANIK. DIE WOLLN MICH FERTIGMACHEN.

HUFSCHMIDT/SCHMITT WIR MACHEN DICH FERTIG.

HUFSCHMIDT Alles klar?

KRETZKY Klar. Ich, äh, ich muss … ich habs grad eilig, wir sehn uns später.

Ab.

SCHMITT Ich mag ihn. Der ist immer lustig und gut aufgelegt.

HUFSCHMIDT Ja, schade, dass er schon wegmusste. Gut, wir sehn uns morgen – UND ICH MACH DICH FERTIG.

SCHMITT Ja, bis morgen – ZIEH DICH WARM AN, DU IMPOTENTER SCHEISSHAUFEN.

Pause.

HUFSCHMIDT *dreht sich um.* Bitte?

SCHMITT Was?

HUFSCHMIDT Haben Sie was gesagt?

SCHMITT Ich hab gesagt, bis morgen.

HUFSCHMIDT Ach so. Ja klar, bis morgen.

7 Puschi-Puschi-Dreck

Kristensen ist dabei, einen Brief an den Chef zu schreiben, sie hat schon einige Male von vorn begonnen. Ein Stellvertreterausbruch.

KRETZKY Entschuldigung, kann ich grad Ihren Kugelschreiber haben?

KRISTENSEN Nein, das Büro ist zu.

KRETZKY Ich hab einfach nur gefragt …

KRISTENSEN Und ich hab einfach nein gesagt, und ich möchte, dass das einmal akzeptiert wird. Da hab ich ein Recht drauf, da muss ich mich auch nicht entschuldigen, und das tu ich auch nicht!! Da können Sie gern versuchen, mir ein schlechtes Gewissen zu machen, ich geb Ihnen meinen Kugelschreiber trotzdem nicht, und ich hab auch kein schlechtes Gewissen, und das ist die Gemeinheit, dass ich natürlich doch ein schlechtes Gewissen habe! Dass ich denke, ja, mein Gott, hat halt grade keinen Kugelschreiber, fragt er mich halt einfach, ist doch nicht so tragisch. Nein, es ist nicht tragisch, aber es ist übergriffig!

KRETZKY Übergriffig!

KRISTENSEN Es verletzt meine Intimsphäre, meinen persönlichen Raum, und den nehm ich mir jetzt, und dazu stehe ich, und dann sind Sie jetzt eben mal damit konfrontiert! Ich bin nicht dazu da, Ihr Problem zu lösen. Sie haben ein Problem, Sie haben keinen Kugelschreiber, und das ist jetzt vielleicht ein bisschen hart für Sie, aber so gehts mir eben im Moment, verstehn Sie? Authentisch.

KRETZKY Jetzt hörn Sie mal ...

KRISTENSEN Nein, ich höre nicht! Weil ich jetzt rede. Ich lass mich nicht mehr unterbrechen, Sie sind schon wieder übergriffig. Alle sind so übergriffig, aber ich lass meine Bedürfnisse nicht mehr plattmachen, und damit ist jetzt Schluss, dass immer alle meine Grenzen überschreiten, und meine Gefühle sind auch mal wichtig! Meine Gefühle gehörn zu mir, und im Moment bin ich wirklich wütend auf Sie, dann bin ich eben wütend, Sie sind wirklich ein Arschloch! Das hab ich jetzt gesagt, und wenn so was ausgesprochen ist, dann ist da auch wieder Platz für andre Gefühle, zum Beispiel, dass ich Sie sehr nett finde und mir schon vorstellen kann, dass zwischen uns was laufen könnte, vorausgesetzt, man lässt sich gegenseitig den Raum und hört erst mal zu. Zum Beispiel wenn ich einen Vorschlag mache zu etwas, dann kann man doch erst mal zuhören, anstatt gleich zu sagen, was für ein Puschi-Puschi-Dreck! Das verletzt einfach meine Gefühle! Und meine Gefühle gehören eben auch zu mir, wolln Sie mit mir schlafen?

KRETZKY Was?

KRISTENSEN Ich hab Sie gefragt, ob Sie mit mir schlafen wollen. Das ist ein sexueller Wunsch, den kann man formulieren, und das ist nicht peinlich!! Sie tun grad so, als ob das peinlich wär, aber es ist nicht peinlich, es ist authentisch. Was authentisch ist, kann gar nicht peinlich sein. Sie stellen das so hin, als obs Gott weiß wie peinlich wär, und auf einmal ist es mir auch ganz furchtbar peinlich, und wie, ich möchte in den Boden versinken. Das heißt aber noch lange nicht, dass das Puschi-Puschi-Dreck ist, das ist ein sachlicher Vorschlag, da kann man drüber sprechen, grundsätzlich eine gute Idee, aber im Moment nicht, oder unter welchen Umständen wäre das sinnvoll, wie könnte man das realisieren. Das ist ein Vorschlag, und dazu steh ich jetzt. Ich laufe auch nicht weg, ich halt das aus. *Kristensen geht ab aufs WC, dreht sich noch mal um.* Wehe! *Sie geht auf die Toilette. Aus der Toilette* Ich hab nichts falsch gemacht! Das war in Ordnung und authentisch! Ich hab ihn mit meinen Gefühlen konfrontiert, das ist sein Problem, und ich kann das aushalten, dass ich mich im Moment sehr einsam fühle, und wenn ich ehrlich bin, so einsam, dass ich nicht mehr da sein will. Aber das Gute ist, ich nehme das Gefühl voll wahr, ich spür das wirklich, das Gefühl der Einsamkeit. Ich nehm es wahr und leb es aus!

Währenddessen ist Kretzky zu der Säule gegangen. Er wirft Geld in einen Münzschlitz, die Säule dreht sich auf, er geht in die Säule.

8 Ich bin auch ein Mensch!

Man hört Kretzky aus der Säule. Zwischen Hufschmidt, Schmitt und Kruse gibt es kleine neurotische Binnenexplosionen und diffuse Überreaktionen auf die in der Luft liegende Aggressivität.

KRETZKY Ich hab sie nach dem Kugelschreiber gefragt, ich hab einfach gefragt, ob ich den Kugelschreiber haben kann! Das muss doch wohl noch möglich sein, ohne dass man angeschrien wird!! Das war eine höfliche, scheißnormale Frage! Hab ich vielleicht gefragt, ob sie perversen Sex mit mir haben will? Ich hab einfach nach dem Kugelschreiber gefragt!!

Hier drehn doch wirklich alle durch!!! Und mit mir kann mans ja machen, ich bin ja der Depp vom Dienst! Der ist immer lustig und gut drauf, ja Scheiße!! Mir kann ja jeder jederzeit seinen Psychoscheiß drüberkippen, das ist so unglaublich, hab ich ein Schild an mir dran, Sondermülldeponie für Psychoscheiß? Hab ich keine Probleme oder was!! Ja, dem gehts ja immer gut!! Ja Scheiße!

KRUSE Ich entspann mich. *Er wirft sich unmotiviert auf den Boden.*

KRETZKY Ich zahl auch meinen Therapeuten! Warum eigentlich, wenn man seinen Müll beim Nächstbesten einfach abladen kann! Das ist ja auch bequemer! Verdammt noch mal, ich will hier einfach in Ruhe meine Arbeit machen. Ich will einfach …

Er kommt aus der Säule, sieht Kruse, jetzt in Kerzenstellung, auf dem Boden liegen und Hufschmidt, der Akten sinnlos auf den Tisch knallt, Schmitt läuft blau an, Kretzky wirft noch mal Geld nach und geht wieder in die Säule.

KRETZKY Das ist ein solches Irrenhaus!! Das macht mich krank! Hier sind doch alle komplett verrückt! Warum muss ich mit Verrückten zusammenarbeiten!! So eine Hysterie, das ist ein einziger Alptraum! Verdammt noch mal, ich bin auch ein Mensch! Warum tun alle so, als wär ich ein Kaffeeautomat, an mir kann sich jeder bedienen, nur mit dem Unterschied, dass man bei mir kein Geld reinschmeißt, sondern Scheiße! Und ich geb trotzdem noch n Kaffee aus, und ich bin trotzdem nett, mit mir kann mans ja machen! Aber ich bin auch ein Mensch!! Und ich hab auch ein Schmerzempfinden! Aua!!!!!!! Ich hab Verbrennungen dritten Grades, und ich will Schmerzensgeld!!!

Kretzky kommt wieder aus der Säule, Kristensen von der Toilette, Kruse steht auf, holt sein Manuskript.

KRISTENSEN Morgen!

KRETZKY Morgen!
HUFSCHMIDT Morgen!
SCHMITT Morgen!
KRUSE Morgen!

9 Hunde

Kruse geht mit seinem Aktenordner Richtung TÜRZUMCHEF. Er lässt den Ordner aus Versehen fallen. Hufschmidt hebt ihn auf.

KRUSE Ja. Danke.

Hufschmidt setzt sich mit dem Aktenordner.

KRUSE Ja, an und für sich hab ich nichts dagegen, aber jetzt hätte ich es gern wieder.

HUFSCHMIDT Das is doch ganz brauchbar. Hätten Sie nicht wegschmeißen sollen.

KRUSE Ja, aber … ich hab das nicht … das ist runtergefallen.

HUFSCHMIDT Tja. Jetzt hab ichs.

KRUSE Aber das is meins.

HUFSCHMIDT Hätten Sie früher sagen müssen.

KRUSE Ja aber … das geht doch nicht. Das haben alle gesehn. Das ist meins.

Kruse will seinen Aktenordner wieder nehmen. Hufschmidt knurrt gefährlich. Pause.

KRUSE Das geht doch nicht. Das geben Sie aber schön wieder her. Hallo, das ist meins.

Hufschmidt knurrt noch gefährlicher.

KRUSE Aber das geht doch nicht.

Kruse hat den Kollegen den Rücken zugedreht. Als er sich wieder umdreht, sieht er in vier hechelnde Hundegesichter. Kretzky hat sich in einen Irish Setter verwandelt, Schmitt in einen Riesenterrier, Hufschmidt in einen Pitbull, Kristensen in einen Spitz.

KRUSE Das ist doch keine Art, das ist doch … so bin ich nicht gewillt …

KRISTENSEN *hat noch mal einen menschlichen Impuls.* Das find ich jetzt aber schon auch nicht in Ordnung. Da ist jetzt ein Konflikt da, und da sollte man doch anders …

Der Pitbull blafft sie an, Kristensen bellt verängstigt zurück.

KRUSE Also, das geht doch …

Der Riesenterrier kläfft ihn an. Kruse erschrickt und kläfft als Rauhaardackel zurück. Der Irish Setter und der Pitbull umkreisen knurrend den Aktenordner. Der Dackel wird weggebellt, er zieht sich kläffend zurück. Der Riesenterrier mischt sich ein, er wird von dem Setter und dem Pitbull wegebissen. Er jault verletzt. Der Spitz liegt hechelnd auf dem Rücken und bietet sich an. Der Pitbull wird abgelenkt. Der Setter läuft mit dem Ordner weg, der Dackel hinterher, der Riesenterrier verbeißt sich in der Krawatte von dem Pitbull. Der Pitbull jagt den Setter, der Riesenterrier bespringt den Spitz von hinten, wird vom Pitbull weggebissen, der seinerseits jetzt den Spitz bespringt, der Dackel hat für einen Moment den Aktenordner, der Pitbull kann nicht eingreifen, weil der Spitz einen Vaginalkrampf hat usw. … Zum Schluss läuft der Irish Setter mit dem Ordner durch die TÜRZUMCHEF. Die anderen bleiben jaulend zurück. Als ob nichts geschehen wäre, löst sich die Szene auf. Kretzky kommt wieder.

KRETZKY *hat ein größeres Papphütchen auf. Er setzt sich. Er nimmt sein Papphütchen ab.* Darf man alles nicht so ernst sehen. Noch n Kaffee – war nur Spaß.

10 Aussprache

Die Mitarbeiter sitzen sehr eng um den kleinen Tisch. Sehr eng. Pause. Durch die räumliche Intimität etwas peinlich berührt, zünden sich alle außer Kristensen Zigaretten an.

KRISTENSEN Also, ich finds nicht gut, wenn jetzt schon wieder alle rauchen, na ja. Wir können ja zwischendurch das Fenster aufmachen. Ja. Also, schön, dass alle da sind, ich finds wichtig, dass wir jetzt miteinander reden, weil es sind ja doch Verletzungen da, und ja, vielleicht beschreibt jetzt jeder mal die Situation von sich aus.

Das anschließende peinliche Schweigen sollte mindestens sechs Minuten dauern. Es ist kein totes Schweigen. Es ist ein tonnenschweres, beredtes Schweigen, so aufgeladen mit Emotion und Spannung, dass ein einziger Satz einen Dammbruch zur Folge hätte. Tränen, Wut, Verzweiflung könnten sich entladen, Missverständnisse könnten ausgeräumt werden, es könnte über die ständigen Kränkungen und Abwertungen gesprochen werden, es könnten Ängste formuliert werden, es könnte über strukturelle Probleme sachlich gesprochen werden, es könnte ehrlich kommuniziert werden. Es könnte. Konjunktiv. Keiner macht den Anfang. Kleine verlegene Handlungen. Jemand spielt mit der Zigarettenschachtel, ein andrer reißt sich einen Faden von der Krawatte, einer putzt sich die Nase, was in der aufgeladenen Situation auf einmal enorm viel Fokus hat, wohin mit dem Taschentuch, in der Stille hört man einen Handyvibrationsalarm, der verlegen abgeschaltet wird, usw. Die Gruppe löst sich peinlich berührt und verdruckst auf.

KRISTENSEN *leise* Tschüss.

KRETZKY Tschüss.

SCHMITT Tschüss.

KRUSE *im Aufstehen, zu Kretzky* Heut Morgen ist mir was Komisches passiert …

Kretzky geht durch die TÜRZUMCHEF.

KRUSE *zu Schmitt* Heut Morgen ist mir was Komisches passiert …

Schmitt geht weg.

KRUSE *zu Kristensen* Heut Morgen ist mir was Komisches passiert …

Kristensen geht zur Toilette. Wahrscheinlich übergibt sie sich. Kruse bleibt allein. Sehr allein. Er findet es trotzdem komisch, was ihm passiert ist. Schmitt kommt.

SCHMITT Morgen!

KRUSE Morgen!

Kristensen kommt.

KRISTENSEN Morgen!

Aus der TÜRZUMCHEF kommt Kretzky. Er hat einen großen albernen Papphut auf. Er bleibt an der Tür stehen, versucht, so souverän wie möglich auszusehen.

KRETZKY Ja, Frau Schmitt, wegen Ihrem Konzept – *Er macht sich zum Kasper.* Konzept – Adept – Ihr Busen schleppt – Entschuldigung – *Gegen seinen Willen macht er eine alberne Stepp- und Pantomimenummer, versucht, sich zusammenzunehmen. Ernst* Was ich noch mit Ihnen besprechen wollte – *Er muss lachen.* Haha, besprechen – erbrechen, mich außerdem rächen – *wieder ernst* Ja, was ich mit Ihnen erbrechen wollte – *Er muss wieder irrsinnig albern lachen. Ernst* Also Ihr nächstes Projekt – so ein … hübsches Projekt – *Jetzt macht er sich völlig zum Kasper. Er singt.* Es tanzt der Bi-Ba-Butzemann um ein Projekt herum, fidibumm, juhuh! Keine Sorge – is nur – Spaß! Is immer alles nur Spaß! *Versucht noch mal, sich zusammenzureißen. Ernst* Vielleicht wär es eine gute Idee, wenn – *albern* – alles, alles ein bisschen lockerer wär … *Er zerfetzt sich sein Jackett, erzählt Witze, sagt, dass er alle ganz doll lieb hat und dreht völlig durch. Das eisige Schweigen der andern kühlt ihn ab, er stirbt vor Peinlichkeit und geht ab.*

11 Schad um jedes bisschen Leben

Aus der TÜRZUMCHEF kommt Hufschmidt. Er trägt denselben Anzug wie vorher, aber der Anzug und die Schuhe sind grotesk zu groß. Krawatte und Ärmel reichen fast bis auf den Boden. In dem riesigen Anzug sieht er wie ein Kind aus. Hufschmidt versucht so souverän wie möglich, sich ein Zigarillo anzustecken. Es geht nicht.

KRUSE Morgen!

HUFSCHMIDT Morgen!

KRUSE Kaffee?

HUFSCHMIDT Ich … danke.

Der Schrank öffnet sich. Drin stehen Mama und Papa. Sie werden von Kristensen und Kretzky gespielt. Hufschmidt hat Probleme, den Kaffee zu halten, weil die Ärmel so groß sind.

MAMA SITZ GRADE.

PAPA DU SOLLST DICH GRADE HINSETZEN.

HUFSCHMIDT Ja.

SCHMITT Ja?

PAPA SETZ DICH GRADE HIN.

HUFSCHMIDT Was?

MAMA MAN SAGT NICHT WAS, MAN SAGT BITTE.

PAPA WIE SAGT MAN?

HUFSCHMIDT Bitte.

SCHMITT Bitte was?

HUFSCHMIDT Was … bitte?

KRUSE Leider sind die Kekse alle.

HUFSCHMIDT Bitte? Danke. Ja … können wir dann. Es ging ja um das neue Konzept.

SCHMITT Wegen mir gern. Sie sind zu spät.

PAPA WO KOMMST DU SO SPÄT HER?

HUFSCHMIDT Ich wurde aufgehalten. Ich hatte einen Termin.

SCHMITT Tatsächlich?

PAPA SO. SO. SO … AUFGEHALTEN.

HUFSCHMIDT Ja.

SCHMITT Was?

PAPA WIE OFT HAB ICH DIR GESAGT, DASS DU PÜNKTLICH SEIN SOLLST!

MAMA WAS ICH MIR FÜR SORGEN GEMACHT HABE.

KRUSE Vorsicht mit dem Kaffee!

PAPA HAST DU DAZU WAS ZU SAGEN?

SCHMITT Was sagen Sie dazu?

HUFSCHMIDT Wozu?

SCHMITT Haben Sie die Unterlagen nicht gelesen?

PAPA ICH HAB DICH WAS GEFRAGT!!!

HUFSCHMIDT Ich … ich … bitte?

SCHMITT Ob Sie das Konzept gelesen haben? Was sagen Sie dazu?

PAPA ANTWORTE GEFÄLLIGST!!! DU BIST EIN SOLCHER STOCKFISCH!

HUFSCHMIDT Ich weiß nicht.

SCHMITT Bisschen dünn, oder? Dafür, dass wir jetzt darüber sprechen wollten.

MAMA HALT DIE TASSE ORDENTLICH, DU VERSCHÜTTEST GLEICH WIEDER ALLES.

PAPA DU SOLLST ANTWORT GEBEN!!

Hufschmidt erschrickt und verschüttet Kaffee auf das Hemd.

KRUSE Hoppla.

PAPA DU TRAMPEL, DU GEHÖRST DOCH AUF DIE SONDERSCHULE!!

MAMA ACH, DAS IST DOCH JETZT … UND ICH HABS NOCH GESAGT. DAS HEMD HAB ICH HEUT NACHT NOCH GEWASCHEN. DU WEISST GAR NICHT, WAS SICH ANDERE FÜR ARBEIT MACHEN.

KRUSE Salz. Mit Salz gehts.

PAPA BIST DU SO BLÖD, ODER MACHST DU DAS MIT ABSICHT?

KRUSE *gibt ihm ein Tuch.* Hier.

HUFSCHMIDT Danke.

PAPA ICH HAB DICH WAS GEFRAGT, ANTWORTE!!

HUFSCHMIDT Ich, ich bin so blöd.

SCHMITT Tja, das haben wir gesehn.

MAMA ES GIBT SO VIELE KINDER, DIE HABEN GAR NICHTS ANZUZIEHN, UND DU GEHST SO MIT DEINEN SACHEN UM. DU WEISST GAR NICHT, WIE GUT DUS HAST.

PAPA NICHT REINREIBEN, HIMMELDONNERWETTER!

SCHMITT Wenn Sie dann trotz des tragischen Kaffeeflecks in der Lage wären, ich hab doch auch noch einiges zu tun.

MAMA GLEICH WIRFST DU DIE TASSE UM, REISS DICH DOCH EINMAL ZUSAMMEN!

PAPA PASS DOCH AUF!!!

Hufschmidt erschrickt noch mehr, versaut sich weiter.

PAPA MIR REICHTS JETZT MIT DIR.

KRUSE So bringt das nix, Sie machens nur schlimmer.

PAPA KOMM MAL HER!

HUFSCHMIDT Ich hab das nicht mit Absicht gemacht!

PAPA KOMM MAL HIERHER!

SCHMITT Davon bin ich ehrlich gesagt auch nicht ausgegangen. Aber wenns wichtig ist … Sie habens nicht mit Absicht gemacht!

PAPA KOMM MAL HIERHER!

Hufschmidt geht zum Schrank.

KRUSE Suchen Sie was?

HUFSCHMIDT Nein.

PAPA SO. ICH SAG DIR EINS, WENN DU GLAUBST, DU KANNST UNS AUF DER NASE RUMTANZEN …

MAMA ACH, UND DIE HOSE AUCH! … ALSO, ICH KANN NICHT MEHR …

PAPA SO. DIR BRING ICH NOCH BEI, WAS RESPEKT

IST. UND WENNS NICHT IM GUTEN GEHT, DANN GEHTS EBEN ANDERS! BEIM NÄCHSTEN MAL GEHST DU IN UNTERHOSEN IN DIE SCHULE. HAST DU DAS VERSTANDEN? HAST DU DAS VERSTANDEN??!!!

HUFSCHMIDT Ja.

KRUSE Was suchen Sie denn?

HUFSCHMIDT Was?

PAPA WIEDERHOLS.

HUFSCHMIDT Was ... bitte?

PAPA MACHST DU DICH LUSTIG, WAS HAB ICH GESAGT?

HUFSCHMIDT Beim nächsten Mal geh ich in Unterhosen ...

SCHMITT Vielleicht ersparn Sie uns das besser. Solln wir jetzt über das Konzept sprechen, oder möchten Sie mehr über Ihre Unterhosen erzählen?

KRUSE Ich könnte mir vorstellen, dass Sie zu wenig Schlaf hatten.

HUFSCHMIDT Ich glaub nicht, dass Sie das was ... bitte ...

SCHMITT So, hier Seite 12. Die Zusammenfassung! Um was es geht.

MAMA SETZ DICH EINMAL ANSTÄNDIG HIN.

PAPA *zeigt auf seine Ohren.* DA REIN, DA RAUS, SETZ DICH ANSTÄNDIG HIN!

Hufschmidt versucht, sich anständig hinzusetzen.

SCHMITT Haben Sies dann? So, Seite 12.

PAPA NIMM DAS HEFT ANSTÄNDIG. DU SIEHST AUS WIE EIN BEHINDERTER.

KRUSE Noch n Kaffee?

Hufschmidt hat aufgrund der langen Ärmel Probleme, die Unterlagen zu halten.

MAMA JETZT MACHT DER SCHON WIEDER FAXEN.

HUFSCHMIDT *zu Kruse* Danke. *Er versucht, sich weiterhin richtig hinzusetzen.*

SCHMITT Also, Seite 12.

MAMA MANCHMAL WEISS DER DIE EINFACHSTEN SACHEN NICHT. DER KANN SICH NICHT KONZENTRIEREN.

HUFSCHMIDT Seite 12?

MAMA WIE SIEHT DIE 12 AUS? GESTERN HAB ICH MIT DIR ZAHLEN GELERNT, DA WAR DIE 12 DABEI.

PAPA DIE 12! DIE 12! WIE SIEHT DIE 12 AUS? FALSCH!!

HUFSCHMIDT Seite 12?

PAPA HAST DU DENN GAR NICHTS IM KOPF??!!

SCHMITT Ganz genau.

MAMA DU GIBST DIR KEINE MÜHE.

PAPA KANNST DU NICHT, ODER WILLST DU NICHT?

SCHMITT Wenn Sie nicht wollen, kann ich das Projekt auch allein machen.

HUFSCHMIDT Nein. Ich … ja. Seite 12. Das ist die Eins und die Zwei.

SCHMITT Sie verarschen mich.

PAPA DER MACHT SICH LUSTIG ÜBER UNS. DAS WERD ICH DIR AUSTREIBEN.

HUFSCHMIDT Ich, ich, Moment, ich hol noch eben … einen Stift.

PAPA DU BLEIBST DA JETZT SITZEN, BIS DU DIE 12 GEFUNDEN HAST.

KRUSE Hier. *Er gibt ihm einen Stift.*

HUFSCHMIDT Die Eins hat ein Häkchen.

MAMA ANDRE KINDER WÄRN FROH, WENN SIE WAS LERNEN DÜRFTEN. MAMA HAT DEN BERUF AUFGEGEBEN, DAMIT SIE DEN GANZEN TAG FÜR DICH DA SEIN KANN. ICH HAB DICH SO LIEB, ABER WENN DU SO WEITERMACHST, MAG ICH AUCH NICHT MEHR, IRGENDWANN SPRING ICH VOR EIN AUTO.

HUFSCHMIDT Seite 12. Ich glaub, die fehlt bei mir.

PAPA BEI DIR FEHLTS DOCH.

SCHMITT Was soll das jetzt?

Kruse blättert die Seite auf.

HUFSCHMIDT Tatsächlich.

SCHMITT Und, was sagen Sie, fällt Ihnen irgendetwas ein?

MAMA JETZT GIB EINMAL EINE ORDENTLICHE ANTWORT, WENN MAN DICH FRAGT. MANCHMAL WÜNSCH ICH MIR, ICH WÄR BEI DER GEBURT GESTORBEN.

HUFSCHMIDT Ich, ja ich finds … ich kann damit nix anfangen.

SCHMITT Ja, wenn das alles ist, würde ich sagen, wir lassen es besser.

PAPA LASS EINFACH DIE FINGER DAVON, DU BIST SOWIESO VIEL ZU BLÖD DAFÜR.

SCHMITT Ich denk nicht dran, mich für blöd verkaufen zu lassen. Ich hab mir ne Scheißarbeit damit gemacht …

MAMA ICH ARBEITE DEN GANZEN TAG …

SCHMITT Und Ihnen fällt nicht mehr dazu ein?

PAPA DEM FÄLLT NUR BLÖDSINN EIN! ZU BLÖD FÜR ALLES, NUR ZUM FRESSEN IST ER NICHT ZU BLÖD.

KRUSE Alles klar, auch so mit der Pumpe?

MAMA GESTERN HAST DU NOCH VERSPROCHEN, DASS DU DICH BESSERN WILLST. ICH BIN WIRKLICH ENTTÄUSCHT.

KRUSE Herzinfarkt ist schnell passiert …

SCHMITT Und Ihre verdammte Arroganz können Sie sich auch schenken.

KRUSE Von einem Moment zum andern haben Sie eiskalte Füße …

PAPA MIT 30 SITZT DER AUF DER STRASSE.

KRUSE Sie fangen an zu schwitzen, Ihr Herz beginnt zu stolpern …

MAMA BALD KANN ICH NICHT MEHR, BALD LAUF ICH VOR EIN AUTO.

PAPA DU KOMMST IN EIN HEIM FÜR SCHWERERZIEHBARE, DAS SAG ICH DIR.

KRUSE Sie merken, wie zu dem Bumm-Bumm noch ein dritter Schlag dazukommt …

SCHMITT Und eins kann ich Ihnen auch sagen, es gibt hier einige Stimmen gegen Sie …

KRUSE Zwischen Systole und Diastole läuft auf einmal ein dritter Schlag mit …

MAMA GIB DIR DOCH EINMAL EIN BISSCHEN MÜHE.

KRUSE Als ob man nachts durch eine dunkle Allee geht und auf einmal bemerkt, dass jemand Fremdes neben einem herläuft …

PAPA AB MIT DIR IN DEN KELLER!

SCHMITT So bin ich nicht bereit, mit Ihnen zusammenzuarbeiten.

MAMA *heult.* SCHÄM DICH!

KRUSE Ihr Herz beginnt zu rasen wie ein Pferd, das durchgeht, völlig außer Kontrolle.

SCHMITT Sie haben nicht einen Funken Kompetenz …

PAPA SCHADE UM JEDES BISSCHEN LEBEN, DAS IN DIR DRIN IST.

SCHMITT Stattdessen nerven Sie alle mit Ihrer Arroganz.

KRUSE Sie merken, wie sich Ihr Brustkorb aufbläht. So von innen bläht sich ein glühend heißer Ballon immer weiter auf, Ihre Lunge versengt sich von innen. Sie fangen an zu schmelzen, und das Herz schlägt immer schneller …

MAMA IRGENDWANN LAUF ICH VOR EIN AUTO.

PAPA WIE SIEHT DIE 12 AUS??

KRUSE Es versucht, vor dem Tod davonzurennen.

SCHMITT Gut, das heißt dann wohl, ich mach das Projekt alleine.

PAPA DU KOMMST AUF DIE SONDERSCHULE, DAS SAG ICH DIR!!

KRUSE Systole, Diastole, Tod, Systole, Diastole, Tod, Systole …

PAPA WIE SIEHT DIE 12 AUS??!!

MAMA ICH KANN NICHT MEHR! IRGENDWANN LAUF ICH VOR EIN AUTO!!

PAPA REISS DICH ZUSAMMEN!

KRUSE Sie spüren einen stechenden Schmerz …

PAPA DIE 12! HIMMELHERRGOTTNOCHMAL.

KRUSE Eine innere Druckwelle versucht, Sie aus Ihrem Körper zu pressen …

MAMA GIB DIR DOCH EINMAL MÜHE. WIR TUN SO VIEL FÜR DICH!

KRUSE Systole, Diastole, Tod, Systole, Diastole, Tod, Tod, Tod … Tod … Tod …

PAPA DU KOMMST INS HEIM! DAS SAG ICH DIR! DU BIST DOCH ZU BLÖD FÜR ALLES!! DU LANDEST IN DER GOSSE!! Mit 30 SITZT DU AUF DER STRASSE!! DU KANNST NOCH NICHT MAL STRASSENKEHRER WERDEN, DENN AUCH ZUM STRASSENKEHREN BRAUCHT MAN NOCH EIN STÜCK VERSTAND! SCHAD UM JEDES BISSCHEN LEBEN, WAS IN DIR IST!!

KRUSE Tod. Tod. Tod. Tod.

Die Schranktüren schließen sich. Hufschmidt rennt weg, Schmitt und Kruse sehen ihm nach.

KRUSE Ich kann mir vorstellen, dass er zu wenig Schlaf hatte.

Kretzky und Kristensen kommen.

KRUSE Morgen!

KRISTENSEN Morgen!

KRETZKY Morgen!!

Tonsignal, die Lampe blinkt. Das Tonsignal verändert sich, es wird bedrohlicher und hält lang an. Das Geräusch lässt erahnen, dass der Chef wirklich sauer ist. Panik bricht aus. Hufschmidt kommt dazu. Alle verstecken sich. Das Tonsignal hat aufgehört. Es ist totenstill. Kristensen summt leise die Melodie aus »High Noon«. Alle kommen in der Haltung von Cowboys aus den Verstecken. Die »Glorreichen 5« bauen sich vor der TÜRZUMCHEF auf: Hufschmidt streckt als Boss seine Hand aus. Kretzky gibt ihm einen Kaugummi. Hufschmidt gibt den Kaugummi an Schmitt. Schmitt packt den Kaugummi sehr langsam aus. Schmitt gibt den Kaugummi an Kruse. Kruse kaut den Kaugummi weich und gibt ihn an Hufschmidt. Hufschmidt nimmt den Kaugummi und klebt ihn an die TÜRZUMCHEF. Er macht es mindestens so cool wie Clint Eastwood. Die andern nicken anerkennend. Ihr Boss – der traut sich was. Tonsignal, die Lampe blinkt. Panik. Man versucht ganz schnell, den Kaugummi zu entfernen. Pause. Die Albernheit der Provokation steht im Raum. Pause.

12 So gehts gar nicht

Echte Rebellion liegt in der Luft.

KRUSE Ja, aber so gehts doch nicht.

KRETZKY Aber so gehts wirklich nicht.

KRUSE So gehts gar nicht.

KRISTENSEN Zumindest nicht in dem Maß.

HUFSCHMIDT Da muss man mal wirklich …

SCHMITT Und ohne dann doch wieder …

KRETZKY Genau.

KRUSE Weil so gehts gar nicht.

Pause.

HUFSCHMIDT Na dann.

KRETZKY Jawohl.

KRUSE So gehts gar nicht.

KRETZKY Nicht mit uns.

KRISTENSEN Zumindest nicht in dem Maß.

HUFSCHMIDT Jetzt ist wirklich Schluss.

KRUSE So gehts gar nicht.

SCHMITT Das reicht jetzt.

Sie gehen gemeinsam Richtung TÜRZUMCHEF.

KRUSE *klopft. Im Reingehen und in der Gewissheit, die Gruppe hinter sich zu haben* So gehts gar nicht.

KRISTENSEN *geht schon sehr viel zögerlicher rein.* Zumindest nicht in dem Maße.

Die andern entscheiden sich um und gehen nicht mit. Stille. Schmitt lässt etwas Kleines fallen, alle erschrecken sich. Stille. Kretzky guckt nach rechts, alle erschrecken.

SCHMITT *panisch* Was ist denn da?

KRETZKY Ne Lampe ...

Stille. Hufschmidt dreht sich panisch zur TÜRZUMCHEF, alle erschrecken.

HUFSCHMIDT Scherz!

Stille.

SCHMITT Das ist doch nur ne Panikmache.

KRETZKY Genau, das ist doch nur ...

Kruse kommt aus der TÜRZUMCHEF. Er trägt seinen Kopf unterm Arm. Er tastet sich zur Kaffeetheke und versucht, sich Kaffee zu machen. Während er kopflos durch den Raum geistert und immer wieder vergebens versucht, sich seinen Kopf aufzusetzen, kommt Kristensen aus der TÜRZUMCHEF. In ihrem Kopf steckt ein großes Hackebeil.

KRISTENSEN *sehr müde* Doch, das war ein gutes Gespräch. Yes. Das hat sich gelohnt, dass ich gestern noch dieses Buch gelesen habe. Bin gar nicht drauf eingegangen, auf diese Panikmache, ich war einfach sehr bei mir, und dann kann einem ja nicht wirklich was passieren. Gut, jetzt hab ich ein bisschen Kopfschmerzen, aber ich hab mich auch sehr konzentriert … *Sie fühlt das Hackebeil in ihrem Kopf.* Ich wills gar nicht wissen! Das war ein gutes Gespräch, und ich war sehr bei mir. Und da lass ich mir nix einreden. Ich lass mir keine Angst mehr machen, ich … ich *Sie nimmt das Beil ab.* Ich bin … also dafür hab ich kein Verständnis mehr.

Tonsignal und Lampe blinkt. Alle müssen zum Chef.

13 Freunde

KRETZKY So, das wars. Und jetzt ist Schluss.

KRUSE So gehts gar nicht.

KRETZKY Nicht mit mir.

KRUSE So gehts gar nicht.

KRETZKY Das wars jetzt wirklich.

KRUSE Ich bin weg.

Pause.

KRETZKY Auch nicht mehr großes Debattieren.

KRUSE Das bringt ja nix.

KRETZKY Irgendwann gehts um Entscheidung.

KRUSE Und die steht fest.

KRETZKY Wir gehen.

KRUSE Wir sind schon weg.

KRETZKY Aber ganz weit weg. *Pause.* Ich mach mich hier nicht mehr zum Kasper.

KRUSE Ja. Warum auch.

KRETZKY Na ja, warum, wegen Geld vielleicht.

KRUSE Ja, das stimmt. Ja, das Geld … die Bezahlung stimmt.

KRETZKY Und es ist nicht Provinz.

KRUSE Nein, das kann man so nicht sagen.

KRETZKY Und außerdem …

KRUSE Die Kantine ist nicht schlecht.

KRETZKY Na ja, so mittel.

KRUSE Aber doch nicht schlecht.

KRETZKY Es gibt schon schlechtere.

KRUSE Das stimmt.

Pause.

KRETZKY Aber ist ja jetzt egal. Die Entscheidung ist gefallen.

KRUSE So gehts gar nicht.

KRETZKY Wir gehen weg.

KRUSE Wir sind schon weg.

KRETZKY Aber ganz weit weg. *Pause.* Ja, gut …

Sie stehen auf.

KRETZKY Ah, meine Zigaretten sind noch drin.

KRUSE Sie könnten neue kaufen.

KRETZKY Das will ich aber nicht. Ich denk nicht dran, irgendetwas von mir dazulassen. Noch nicht mal meine Zigaretten. Die hol ich mir noch ab. Entschuldigung, ich hol nur meine Zigaretten. Nein!

KRUSE Nicht?

KRETZKY Ohne Entschuldigung.

KRUSE Ja!

KRETZKY Her mit den Zigaretten. *Er probt.* Sir, geben Sie – … die Zigaretten raus.

KRUSE Sehr gut. Sie gehen rein, ich warte hier.

Kretzky geht durch die TÜRZUMCHEF. Kruse wartet. Kretzky kommt wieder.

KRUSE Und?

KRETZKY Alles klar. Wir können gehen.

KRUSE Was haben Sie gesagt?

KRETZKY Wie gesagt, ich hab gesagt, dass ich die Zigaretten … also, ob ich die wiederhaben kann.

KRUSE Und?

KRETZKY Das ging glatt durch. Hier sind sie.

KRUSE Sehr gut.

KRETZKY So. Wir gehen.

KRUSE Wir sind schon weg.

KRETZKY Aber ganz weit weg.

Pause.

KRUSE Haben Sie sonst noch was gesagt?

KRETZKY Was zum Beispiel?

KRUSE Zum Beispiel, dass wir weg sind.

KRETZKY Hab ich nicht gesagt.

KRUSE Warum auch?

KRETZKY Tja warum? Na ja, wär höflicher gewesen.

KRUSE Ja, das stimmt. Höflicher wär das gewesen.

KRETZKY Aber ist ja jetzt egal. Die Entscheidung ist gefallen.

KRUSE So oder so. Und das wird man ganz empfindlich merken …

KRETZKY Wenn wir auf einmal weg sind. *Pause.* Wir sagen besser doch Bescheid.

KRUSE Ja, gut, vielleicht ist das besser. Wir gehen rein, wir sagen, so gehts gar nicht.

KRETZKY Wir sind weg.

KRUSE Und dann schmeißen wir noch eine Vase um.

KRETZKY Das ist zu viel.

KRUSE Gut, das ist zu viel.

Sie gehen durch die TÜRZUMCHEF. Sie kommen wieder.

KRUSE Na ja, wenns eben grad nicht passt.

KRETZKY Aber lange wart ich nicht. Das hab ich nicht mehr nötig. Sonst gehn wir einfach so.

KRUSE Wir können jederzeit.

KRETZKY Zum Beispiel jetzt.

KRUSE Soll einer uns versuchen aufzuhalten.

Pause.

KRETZKY Wenn einer auch nur den Versuch macht …

KRUSE Ja.

KRETZKY Auch nur im Ansatz …

KRUSE Ja.

KRETZKY Selbst wenn jetzt auf einmal, selbst wenn da jetzt … sich einiges noch vielleicht rausstellen sollte, vielleicht in einem klärenden Gespräch. Dass … dass … dass …

KRUSE Dass einiges vielleicht doch nicht so gemeint war …

KRETZKY Beziehungsweise ein Missverständnis …

KRUSE Was ja vorkommt …

KRETZKY Und sagen wir, es käme jetzt zum Schluss noch eine nachträgliche Anerkennung.

KRUSE Oder wenigstens eine kleine Aufmerksamkeit.

KRETZKY Oder überhaupt Aufmerksamkeit, dann …

KRUSE Ganz genau.

KRETZKY Sind wir …

KRUSE/KRETZKY … trotzdem weg.

Pause.

KRETZKY So, wir gehen rein.

KRUSE Wolln Sie vor?

KRETZKY Egal.

KRUSE Mir auch.

Sie gehen durch die TÜRZUMCHEF. Sie kommen wieder.

KRUSE Alles klar, wir gehen. Ich glaube, ich war deutlich.

KRETZKY Sie warn was?

KRUSE Da sind Sie überrascht.

KRETZKY Ja, da bin ich überrascht. Wollten Sie nicht sagen »so gehts gar nicht«?

KRUSE Und?

KRETZKY Sie sagten aber nicht, »so gehts gar nicht«, Sie sagten, »ich freu mich wirklich, hier zu arbeiten«.

Pause.

KRUSE Das »so gehts gar nicht«, das lag drunter. Verstehn Sie? Verminter Subtext. Stärkste Waffe. Das war deutlich, keine

Sorge, Sie müssen auf die Zwischentöne hören. Das sind die wichtigen. Haben Sie gehört, WIE ich das gesagt habe?

KRETZKY Sie haben es freundlich gesagt.

KRUSE Natürlich. Warum soll ich zum Schluss noch unfreundlich sein. Klare Fakten, ändert nichts an der Entscheidung.

KRETZKY Alles klar, wir gehen.

KRUSE Wir sind schon weg.

KRETZKY Aber ganz weit weg. *Pause.* Die Tasse hier zum Beispiel, Lichtjahre bin ich davon weg.

KRUSE Schöne Tasse.

KRETZKY Wie oft ich da draus getrunken hab.

KRUSE Vergangenheit. Geschichte. *Pause.* Ich hätte nicht gedacht, dass ich weg wär, bevor der Zucker leer ist.

KRETZKY Wies dann kommt.

KRUSE Jemand anders könnte jetzt schon sentimental … ja, schon.

KRETZKY Das war doch eine lange Zeit.

KRUSE Ja. Mit dem Zucker, das hat immer funktioniert.

KRETZKY Wie?

KRUSE Ich meine verlässlich. Man konnte sich immer drauf verlassen. Da gabs beim Auspacken nie böse Überraschungen.

KRETZKY Ich nehm eins mit.

KRUSE Als Andenken.

KRETZKY Und da frag ich gar nicht, ob ich das auch darf. Das mach ich einfach.

KRUSE Den andern essen wir auf.

KRETZKY Genau. Das geht nicht, dass der Zucker länger bleibt als wir.

Sie essen Zucker und müssen weinen.

KRETZKY Alles klar, wir gehen.

KRUSE Wir sind schon weg. Aber ganz weit weg.

KRETZKY Normalerweise sage ich den letzten Satz.

KRUSE Jetzt ist nicht normalerweise.

Pause.

KRETZKY Vielleicht sagen wir das mit dem Zucker besser.

KRUSE Besser wärs.

KRETZKY Gut. Ich mach das.

KRUSE Aber bloß nicht zu bescheiden.

KRETZKY Keine Sorge, ich frag nicht, ob wir das dürfen, ich teile das nur mit. Hier, der Zucker, hier, so, nur dass sich keiner wundert …

KRUSE Gehen Sie rein. Ich warte.

KRETZKY Wiedersehn.

KRUSE Was heißt das?

KRETZKY Das heißt Wiedersehn, ich komm gleich wieder.

KRUSE Ja. Auf Wiedersehn.

Kretzky geht durch die TÜRZUMCHEF. Kruse wartet draußen. Kretzky kommt wieder.

KRETZKY Alles klar, das wars, wir gehen.

KRUSE Mit dem Zucker?

KRETZKY Geht in Ordnung. Wir können sogar noch eins haben.

KRUSE Oh. Aha. Also, das ist … nett. Zu spät, um uns zum Bleiben zu bewegen, aber immerhin doch eine Geste. So was hätte man sich vorher gewünscht, dann wär vielleicht manches …

KRETZKY Na ja, zu spät, da hilft das jetzt auch nicht mehr, außerdem ist ein Stückchen Zucker zum Abschied auch wirklich eher eine kleine Geste, und ich hätte gute Lust, da noch mal reinzugehn.

KRUSE Ja!

KRETZKY Und zu sagen …

KRUSE Wir lassen uns doch nicht mit Zucker …

KRETZKY Im Grunde ist das unverschämt.

KRUSE So gehts gar nicht!

KRETZKY Nicht mit uns!
KRUSE Das lassen wir auf uns nicht sitzen.
KRETZKY Ich mach mich hier nicht mehr zum Kasper. *Pause.* Wolln Sie vor?
KRUSE Nein, gehen Sie vor.
KRETZKY Wiedersehn.
KRUSE Ich komme mit.
KRETZKY Entschuldigung.

Sie gehen durch die TÜRZUMCHEF. Sie kommen wieder.

KRETZKY Das ist ein für alle Mal jetzt klar.
KRUSE Das glaub ich aber auch.
KRETZKY So. Alles klar, wir gehen.
KRUSE Ich verkürze gleich auf ganz weit weg.
KRETZKY Gut.
KRUSE Ganz weit weg. *Pause.* Darf ich Sie was fragen?
KRETZKY Ja. Dürfen Sie.
KRUSE Sie haben da drin einiges gesagt, und ja, was ich fragen will, Sie haben für morgen eine Einladung zum Essen angenommen.
KRETZKY Und?
KRUSE Ich dachte, wir sind weg.
KRETZKY Das war privat.
KRUSE Ach so. Ich dachte schon.
KRETZKY Nein, nein. Privat.
KRUSE Ach so, privat.
KRETZKY Ja, ich meine, das muss man ja trennen können, also beruflich bin ich weg.
KRUSE Ich bin ja nicht mit eingeladen.
KRETZKY Pech.
KRUSE Wenn ich an Ihrer Stelle wär, hätte ich gesagt, so aus Solidarität hätte ich gesagt … Also, ich hätt abgelehnt.
KRETZKY Aha.
KRUSE Ich sag nur, wie ich so reagiert hätte.

KRETZKY Ja, ja.

KRUSE Es geht nicht drum, dass ich da auch gern mit dabei … ich mein, ich bin ja eh weg …

KRETZKY Sie haben recht. Sie sind ja eh weg, ich natürlich auch, wir sind beide weg.

KRUSE Ganz weit weg.

KRETZKY Ich geh jetzt rein und sag …

KRUSE So gehts gar nicht.

KRETZKY Entweder beide, oder ich bin auch privat weg.

KRUSE Das würden Sie tun?

KRETZKY Das tu ich.

Kruse ist gerührt.

KRETZKY Ich geh rein, Sie warten hier.

KRUSE Ich warte.

KRETZKY Wiedersehn.

KRUSE Was?

KRETZKY Auf Wiedersehn, ich komm gleich wieder.

Kretzky geht durch die TÜRZUMCHEF. Kruse wartet draußen. Kretzky kommt wieder mit einem Aktenordner.

KRETZKY Alles klar, wir können gehen.

KRUSE Was haben Sie gesagt?

KRETZKY Ich hab gesagt, dass ich Irland auch schön finde. Es ging viel um Irland. Das hat nichts damit zu tun, dass ich weg bin, aber wenn man zufällig dasselbe Urlaubsland mag … Also, über Irland haben wir uns viel erzählt. Wir sind uns richtig nahgekommen.

KRUSE Ah. Ah. Und wegen der Einladung, da wollten Sie aus Solidarität …

KRETZKY Ja, das war jetzt gar nicht das Gesprächsthema. Das hat jetzt nicht gepasst.

KRUSE So. Aha. *Zeigt auf den Aktenordner.* Und was ist das?

KRETZKY Ach, da guck ich noch schnell drüber. Kann ja niemand anders. Ich mein, ich mach das freiwillig, an und für sich bin ich weg. Aber auf das kommts jetzt auch nicht mehr an.

KRUSE Auf das … soso.

KRETZKY *schaut in den Aktenordner.* Das ist doch. Tja, das ist ja interessant … *Kretzky geht wieder Richtung TÜRZUMCHEF.* Keine Sorge, das mit der Einladung, das kommt schon noch zur Sprache.

KRUSE Vielleicht sollte ich auch noch mal …

KRETZKY Wiedersehn.

Kretzky geht ab.

KRUSE Auf Wiedersehn. *Kruse klopft an die TÜRZUMCHEF.* Ich warte. *Er schaut auf die Uhr.* Ich warte!

Statt Kretzky kommt Hufschmidt aus der TÜRZUMCHEF.

KRUSE *hat gedacht, es wäre Kretzky.* … Ich finds nicht richtig …

Er geht weg.

14 Katharsis

HUFSCHMIDT Gleich passierts. Gleich bin ich wieder glücklich. Katharsis tremens. Das Glück, die Erleuchtung kommt so plötzlich wie ein Erdbeben. Von einem Moment zum andern, und ich bin ohne Vorwarnung glücklich. Als wär ich mit einem Überbrückungskabel an eine unendliche Energiequelle angeschlossen. Ab dem Moment bin ich Liebe, Licht, Glück und völlig out of control. Konferenz in London. Meeting mit den General-Managern der sechs Tochterfirmen. Ich rührte so in meiner Teetasse, da sprang es mich an, fiel über mich her. Das Glück. Das war das erste Mal, dass mir das passierte, und trotz des überdimensionalen Glücks, das sich gerade in mir mit immer größeren Wellen ausbreitete, war ich auch ein wenig befremdet, besonders, als ich in meine Teetasse guckte und bemerkte, dass ich durch den Boden der Tasse sehen konnte, immer weiter sehn konnte, weiter über das Meer nach Sri Lanka, wo der Tee herkam. Ich konnte sehen, wie sich die Spitzen der Teepflanzen durch die Erde pressten, mit einem Schrei. Bahhh, bahhh!! Überall. Teepflanzen, die sich ans Licht kämpften. Bahh. Bah!!! Die, die schon draußen waren, feuerten die andern an. A ha henga vandala min yen – bravo, mach hin, wir warten auf dich. Ich schwebte durch die Plantage, verstand Tamil wie meine Muttersprache, und während mich der britische Consultingmanager nach den Bilanzen des letzten Jahres fragte, war ich in ein intensives Gespräch mit einer Teepflanze verwickelt. Die Teepflanzen waren sehr kommunikativ, sie redeten miteinander, durcheinander, sie sangen, waren überhaupt ziemlich lebendig. Verständlich, bei der ganzen Menge an Tein. Ich blieb auf der Plantage bis Herbst, dann bebte die Erde. Leute kamen, um den Tee zu ernten. Das war ein entsetzliches Geschrei. Tee ist irrsinnig sensibel. Manchmal schien es mir sogar, als ob manche Pflanzen ein bisschen übertrieben, denn sie schneiden nur die Spitzen. Aber auf einmal konnte ich es auch fühlen, und das tut schon wirklich weh. Die Teeblätter lebten noch, als sie getrocknet wurden. Ungefähr nach 24 Stunden Trocknen starben sie, wurden verpackt und verschifft. Ich schiffte mich mit ein und kehrte zu meiner Teetasse zurück. Und dann – eben wiederholte der britische Consultingmanager seine Frage – hörte ich einen Gesang aus meiner Teetasse, unendlich zart, ganz leise und so schön, dass ich sofort anfing zu heulen, wie ich noch nie geheult habe. Der Schweizer Vorstandsvorsitzende fragte, ob alles in Ordnung sei. Danach gab es eine Pause. Von Weinkrämpfen geschüttelt, versuchte ich, allen Anwesenden mitzuteilen, dass aus meiner Teetasse der Gesang der unendlichen Liebe zu hören sei. Ich sagte außerdem, dass der Tee uns verzeiht, dass alles Lebendige wiedergeboren wird und dass wir unsterblich sind. Und dann habe ich Herrn Wang Hung, den Vertreter der japanischen Tochterfirma, umarmt. Ja. Seitdem versuche ich unauffällig zu verschwinden, wenn sich ein kathartischer Schub während der Arbeit anmeldet. Sage meiner Sekretärin, ich bekomme eine Grippe. Spätestens wenn ich den ersten Engel sehe, hau ich ab. Ich versuche mich in der U-Bahn noch irgendwie zusammenzureißen, aber ich kann dieses Glück nicht kontrollieren. Sitze in der vollbesetzten U-Bahn und singe aus voller Seele. Egal, wie peinlich berührt alle sind, das registriere ich auch. Morgen werde ich es nicht glauben können, wie man derart die Beherrschung verlieren kann, aber in dem Moment bricht schon ein weiteres Vivaldi-Gloria aus mir heraus. Wenn ich es bis nach Hause schaffe, ist es noch am besten. Dann mach ich die Fensterläden zu, weine vor Dankbarkeit über das unermessliche Geschenk des Lebens. Oder diskutiere mit einer Ameise über das Leben nach dem Tod und kann es nicht glauben, mit welcher Perfektion und Liebe zum Detail dieses winzige Viech gemacht ist. Meistens schaffe ich es nicht nach Hause. Meistens gehe ich die U-Bahn-Treppe hoch und bin schon so überwältigt vom Tageslicht, dass ich mich mit ausgebreiteten Armen auf den Boden werfe. Ich laufe durch die Straßen, mit dem irrsinnigen Bedürfnis nach Welt und verrückt vor Menschenliebe. Immer wenn ein Engel in der Nähe ist, kann ich hellsehn. Ich sage zu der Frau mit den verweinten Augen, der Mann, auf dessen Anruf sie wartet, kann sie nicht erreichen, weil er in Nairobi ausgeraubt wurde und ihre Nummer nicht mehr hat, aber er liebt sie und meldet sich, wenn er wieder in Deutschland ist. Die Frau fragt nicht, woher ich das weiß, sie sieht mich still an und sagt leise danke. Ich fahre nachts

erschöpft nach Hause. Setze mich aufs Bett, und langsam verzieht sich das Glück, aber ich gehe nicht eher ins Bett, bis ich sicher bin, dass alles wieder in Ordnung ist. Das teste ich mit meiner Nachbarin, die ihren Fernseher immer zu laut einstellt. Wenn ich mich frage, ob sie vielleicht einsam ist, weil sie immer fernsehguckt, muss ich noch wach bleiben. Wenn ich ihr mit einer Anzeige drohe, ist alles wieder in Ordnung, und ich kann schlafen gehen. Am nächsten Morgen fragt meine Sekretärin, und, gehts wieder, ja, geht wieder, ich gucke die Bilanzen durch, dreh mich manchmal ganz schnell um, ob ich einen Engel sehe, ich sehe aber keinen, Gott sei Dank, alles wieder ganz normal.
Hufschmidt geht durch die TÜRZUMCHEF ab.

15 Kaputt

Schmitt kommt aus der TÜRZUMCHEF.
SCHMITT Ich bin kaputt, und ich will nicht repariert werden. Ich will nicht mehr funktionieren. Ich will der Scherbenhaufen sein, der ich bin, ich will überflüssig sein, ich will das sein dürfen, was ich bin, kaputt. Ich will keinen, der den Scherbenhaufen, der ich bin, sorgfältig zusammenklebt, damit ich wieder funktioniere, ich will nicht mehr funktionieren. Ich will, dass jemand den Scherbenhaufen, der ich bin, zusammenkehrt und in den Müll kippt, in tausend Scherben durch den Abfall rieseln, mich auflösen, und keinen kümmerts mehr. Keiner sorgt sich noch um mich und macht mir sanfte Vorwürfe, dass ich mich nicht mehr reparieren lasse. Ich will nicht mehr funktionieren. Dreck kann nicht schmutzig werden, was tot ist, kann nicht sterben. Ich bin kaputt und möchte nicht mehr repariert werden! Ja dann,

hau doch ab, geh weg, jag dir eine Kugel in den Kopf, du solltest Konsequenzen ziehen. Ich denk nicht dran. Wenn ich eins nicht muss, dann ist es konsequent. Wenn-dann-Konsequenz-am-Arsch. Wenn du brav bist, dann gibts Nachtisch, wenn du so bist, wie wir finden, dass du sein sollst, dann bist du erfolgreich. Ich bin auch nicht mehr konsequent! Ich bin einfach nur kaputt.

Sie geht ab.

16 Ich lass mir nix anmerken

KRUSE *kommt.* Mich kriegen die nicht. Ich lass mir nix anmerken. Wenn sie mich beleidigen, um mich zu provozieren, nix. Kein Wimpernzucken, Herzschlag unauffällig. Hab ich irgendwas Persönliches gesagt? Was aus meiner Kindheit? Ich hab gesagt, dass ich Irland auch ganz schön finde. Ah, schon falsch. Das war ein Fehler. Ich sag, ich mag Irland, und die wissen mehr über mich, als ich je gewusst habe. Das sind emotionale Fingerabdrücke. Ich bin in Lebensgefahr. Wichtig ist jetzt erstens, ich lass mir nix anmerken. Zweitens, ich muss die Codes verändern. Wenn ich Irland meine, sage ich Island. Wenn ich Island meine, sage ich Irrtum, und wenn ich Irrtum meine, sage ich Idee ... Und wenn ich Panik meine, sage ich Patentamt. *Pause.* Der beste Code ist der Verlierercode. Mich kriegen die nicht. Ich halte die Körpertemperatur konstant auf 37 Grad. Benutzeroberfläche Spießer, Passwort kennt keiner, weiß ich selbst nicht mehr. Das ist am besten, access denied, das ist am sichersten. Wird mir schon wieder einfallen, wenn die Zeit da ist, wenn ich sage: aber das war doch klar, was habt ihr denn geglaubt, dass ich das alles nicht gemerkt hab? Dass ich wirklich so ein unbedeutendes Stück Existenz bin? Aber es ist noch nicht so weit. Also, codieren Sie sich. Sein Sie belanglos. Ich bin der Kleine, ich bin der Spießer, der mit dem Bausparvertrag. Und wer ich wirklich bin, keine Ahnung. Passwort unbekannt. – Wissen Sie was, ich bin sogar verheiratet, mit einer dummen bürgerlichen Hausfrau. Die hat keine Ahnung, für die ist das alles echt, unsre Einbauküche, die Sonntagsspaziergänge, die Fernsehabende. Die hat keine Ahnung. *Pause.* Ja, vielleicht war die Heirat ein bisschen übertrieben, aber ich geh lieber auf Nummer sicher. – Blöd wärs, wenn ich jetzt tot umfalle, dann säh das so aus, als ob ich tatsächlich nur ein unbedeutendes Stück Existenz gewesen bin. Patentamt.

Die TÜRZUMCHEF öffnet sich. Es wird ein schleimiges undefinierbares Bündel Mensch in den Raum geworfen. Anhand des Papphütchens kann man sehen, dass es sich um Kretzy handelt.

KRUSE Morgen!

Er geht ab.

17 Was von Kretzky übrigblieb

KRETZKY *kommt aus der TÜRZUMCHEF. Er sieht sich auf dem Boden liegen. Das Bündel kichert.* Aha. Doch so schlimm. Tja. Wann hat das angefangen. Wann hab ich das erste Mal gelogen? Als Kind wahrscheinlich, aus Angst vermutlich, weiß nicht mehr. Heute merke ich das gar nicht mehr, ich weiß gar nicht mehr, wann ich lüge. Wann hab ich das erste Mal gelacht, obwohls nicht komisch war? Darf man alles nicht ernst sehn. Schwamm drüber, noch n Kaffee, war nur Spaß. Das war nicht so gemeint. Was war gemeint? Ich weiß nicht mehr. Ich hab zu nichts mehr eine Meinung. Ich hab keine

Meinung mehr zu irgendwas, ich sage nicht mehr ja und nein, is eben alles relativ. Einerseits, andrerseits und außerdem. Im Zweifelsfalle lach ich drüber. Die andern lachen alle mit, noch n Kaffee – war nur Spaß. Wann fing das an, dass nichts mehr ernst zu nehmen war, dass nichts mehr von Bedeutung ist? Bedeutung sowieso mit Gänsefüßchen. Ich bin »verliebt«, »ich liebe dich«, jetzt bin ich »wütend«. Was nehm ich wirklich ernst? Ich weiß es nicht. Mir fällt nix ein. Ich hab keine Meinung mehr zu irgendwas. Hier, ein Tisch, wie findest du den Tisch? Keine Ahnung, weiß ich nicht. Ich weiß, dass er aus … Holz ist, ich weiß, was das für ein Holz ist, ich weiß, was das für ein Stil ist. Aber so … Wie ich ihn finde, fällt mir nichts zu ein. Bist du glücklich? Keine Ahnung, kann schon sein, auszuschließen ist es nicht. Wenn, krieg ich nicht viel mit davon. Soll nicht heißen, ich bin traurig, denn traurig gibts auch nur mit Gänsefüßchen. Was bleibt, sind Witze, Gags und Anekdoten. Wie ich da gestern in der U-Bahn … Da sagt doch der Friseur zu mir … Beim Sushi-Essen … letzte Woche … Das ganze Leben nur noch Albernheiten, Witze, noch n Kaffee – war nur Spaß. Ich hab keine Meinung mehr zu irgendwas, alles löst sich in Optionen auf. Wie findest du den Tisch? Na ja, es ist eine Sitzoption. Es geht nur noch um Optionen, um das Maximieren von Optionen und darum, noch mehr Optionen offenzuhalten. Und meine Beziehung ist auch nur noch die Option auf eine Beziehung. Wann wurde aus Liebemachen Ficken, wie wurde aus einem großen Gefühl eine Telefonnummer und aus der Telefonnummer auch wieder eine Option? So war alles nicht gemeint, was war denn gemeint? Ich weiß es nicht. Bananenschale, Stolpern, Lachen. Ich weiß, dass ich im Hinterzimmer von einem Pfandleihhaus geboren wurde, und ich glaube, das hat schon mit meinem Leben was zu tun, das Gefühl, was Wertvolles versetzt zu haben, aber ich weiß nicht mehr, was. Ich will so nicht mehr weiter. Irgendwo muss da ein Schmerz drunter sein, aber einer, der nicht weh tut, einer, der permanent nur vor sich hin kichert. Ich mag nicht mehr. Ich will weg, ich will einfach weg. Am allermeisten will ich weg von mir. Ich will mich vom Markt nehmen und noch mal von vorn anfangen. Ich bin 35, das ist noch nicht so alt, n halbes Leben, mindestens, wenn nichts dazwischenkommt, ist ja noch da, auf jeden Fall noch Zeit … Das kann doch nicht sein, dass alles nur ein Treppenwitz ist, ich will wieder eine Wirbelsäule, und ich will was sein, was wieder grade geht. Und diese scheißblöde Witzemacherei geht mir wirklich auf den Sack! Und ab jetzt werd ich …

Sentimentaler Epilog

KRISTENSEN *kommt. Sie merkt, dass sie Kretzky unterbrochen hat.* Ich bin zu früh.

KRETZKY Ach … nein.

KRISTENSEN Du warst noch gar nicht zu Ende. Oje, ich hab dich gestört.

KRETZKY Nein.

KRISTENSEN Vielleicht warst du grade dabei, dein Leben zu ändern, vielleicht wär am Ende von dem Monolog eine große Entscheidung gewesen.

KRETZKY Ach, ja, kann sein, ich weiß nicht, ich glaub nicht … dafür ist ja ein Monolog auch nicht da.

KRISTENSEN Wofür ist er da?

KRETZKY Na ja, man ist allein, man denkt so nach, überlegt laut vor sich hin, und dann macht man ganz genau so weiter. Meistens. Bei mir jedenfalls.

KRISTENSEN Schade, dass ich das alles nicht gehört habe, was du gesagt hast.

KRETZKY Ach.

KRISTENSEN Doch, schade. Besonders die Stelle »Ich will wieder eine Wirbelsäule«.

KRETZKY Jaaa.

KRISTENSEN »Ich will was sein, was grade geht«.

KRETZKY Ja, bisschen groß geworden.

KRISTENSEN Nein, ich glaube, wenn ich das gehört hätte, ich glaub, vielleicht hätte mir das Mut gemacht. Nicht nur deins, auch was die andern so gesagt haben.

KRETZKY Ja?

KRISTENSEN Ja, weil ich bin mit dem Abend ehrlich gesagt nicht so doll zufrieden. Ich mein, ich hab das Kleid immer noch in meiner Handtasche, also, ich wusste ja von Anfang an, dass das so sein wird, aber ich hab irgendwie doch noch gehofft ... im Prinzip weiß mans ja, dass sich eh nix ändert, aber irgendwie ... und wie das Ganze so ... wie sich das so entwickelt, dass zum Schluss jeder so für sich ... monologisierend ... rumgeistert, nö, das ist so ... und jetzt kommt eigentlich noch mein Monolog, und der ist auch noch mal ziemlich einsam, ich find das schade. Und ich glaub, wenn ich das alles gehört hätte, vielleicht hätte ich mich dann getraut, aus einem spontanen Impuls, dass ich den Monolog sausen lasse und lieber das Kleid anzieh.

KRETZKY Das wär toll gewesen. Wenn ich das gewusst hätte, hätte ich mir meinen vielleicht auch gespart, denn der wird mein Leben auch nicht ändern, dann hätten wir noch mehr Zeit gehabt, hätten wir vielleicht doch noch Sekt getrunken. *Pause.*

KRISTENSEN Vielleicht wär das so gewesen, dass ich also auf der Toilette gewesen wäre, mit dem schönen Kleid an und würde vor dem Spiegel proben ...

KRETZKY Und ich würde so zufällig …

Schmitt kommt dazu.

SCHMITT Ich hab das ja nicht mitbekommen, aber wär das so ein Moment nur zwischen euch, oder könnte da eventuell noch jemand dabei sein …?

KRETZKY Also, wegen mir …

KRISTENSEN Nö, das wär sogar noch besser gewesen. Dann wärs nicht nur so ne Zweiergeschichte …

SCHMITT Dann hätte ich mir statt meinem Monolog, tja was hätt ich da gemacht in der Zeit, ich glaub, ich wär einfach mal in Ruhe aufs Klo gegangen, ohne Stress …

KRISTENSEN Ja, du wärst schon auf dem Klo …

SCHMITT Ich wär schon da.

KRISTENSEN Ich käme mit dem Kleid und würde mich umziehn.

KRETZKY Und ich würde auf eine selbstverständliche, beiläufige Art dastehn, so einfach dastehn … so, mit gar nix außer mir, mit völlig ungeprobtem Gesicht, mit dem, was da grad da wär.

KRISTENSEN Ja, das wär schön …

Kristensen und Schmitt sind auf der Toilette. Man hört ihre Stimmen.

SCHMITT Wow!

KRISTENSEN Ha!

SCHMITT Ich wollt dich nicht erschrecken.

KRISTENSEN Ich. Ich … also ich …

SCHMITT Tolles Kleid, steht dir gut!

KRISTENSEN Ehrlich?

SCHMITT Ja, aber halt den Kopf ruhig. Ja, super, das ist toll. *Pause.* Jetzt stehn wir aber ganz schön nah.

KRISTENSEN Ja, so nah wär das dann.

Sie fangen leise an zu singen. Sie singen »You've got a friend« von Carole King. Hufschmidt kommt.

KRETZKY Pscht, wär so ein sentimentaler Moment.

HUFSCHMIDT Ah, verstehe, dann geh ich mal davon aus, dass ich nicht dabei wär.

KRETZKY Doch, ich glaub schon, du würdest sogar später, wenn wir schon alle ein bisschen betrunken wären, von deinem Vater erzählen.

HUFSCHMIDT Nein, das könnte ich nicht. Das hab ich noch niemand erzählt.

KRETZKY Weißt du, wem du das erzählen würdest? *Er flüstert ihm ins Ohr, dass es Schmitt wär.*

HUFSCHMIDT Nein … ausgerechnet … nein. Nein, sie würde mich auslachen.

KRETZKY Sie würde ihre Geschichte erzählen, und sie würde dir erzählen, dass sie seit einiger Zeit in dich verliebt ist. *Er geht auch auf die Toilette.*

HUFSCHMIDT In mich? Nein, tatsächlich …, also wenn sie das wirklich sagen würde, dann, ich mein, dann würd ich auch …, dann könnt ich mir schon vorstellen … *Geht ebenfalls auf die Toilette zu den anderen.*

Kruse kommt. Er hört zu, er wartet wieder mal. Die Tür geht auf, und jemand zieht ihn rein. »And I'll be there, yes I will …«. Tonsignal und Licht. Pause. Aus der Toilette das Liedende: »… You've got a frieeeend«.

ENDE

BENEFIZ – JEDER RETTET EINEN AFRIKANER

Personen

Eva, eine jüngere Frau
Christine, über ihr Alter wird spekuliert
Leo, ein jüngerer Mann
Rainer, ein Mann mittleren Alters
Eckhard, ein älterer Mann

Raum

Ein Probenraum. Eine selbstgebastelte Palme. Eine Dialeinwand. Tische.

1 Valeria ist nicht dabei

ECKHARD Ich hab heute ja mit Harald Schmidt gesprochen.

LEO Ist nicht wahr. Du hast … persönlich?

ECKHARD Ja, sicherlich persönlich. Ich hab euch doch gesagt, ich hab n Draht zu Harald, heut Nachmittag hab ich ihn angerufen.

LEO Und?

ECKHARD Das war ein sehr, sehr nettes Gespräch.

LEO Ach was.

ECKHARD Doch, das muss ich sagen. Also ich hab damit angefangen, dass wir uns ja von früher kennen, da konnte er sich leider nicht mehr dran erinnern, aber trotzdem war der wirklich nett, so … menschlich.

RAINER Was hat er denn gesagt?

ECKHARD Ja; er hat abgesagt.

LEO Aaaaa, schade.

ECKHARD Aber er hat sehr nett abgesagt.

LEO Das wär der Hammer gewesen, der Hammer. *Pause.* Ha! Wie wärs, wenn wir Arne Friedrich fragen? *(Namen eines regional bekannten dreiviertelkarätigen Fußballers einsetzen)*

CHRISTINE Der braucht ja selber Benefiz.

LEO Nichts gegen Friedrich.

CHRISTINE Also bitte, wir sprechen über Prominente.

ECKHARD Was haltet ihr von Uschi Glas? *Pause.* Ich ziehe Uschi Glas zurück.

RAINER Wir hatten doch so viele auf der Liste.

LEO Alle abgesagt.

ECKHARD Ach, ich kenne noch die Nichte von der zweiten Ehefrau von Karlheinz Böhm, wenn das was bringt?

RAINER Ich glaub, das bringt nichts.

CHRISTINE Also bevor wir jetzt noch über die Cousine von der Putzfrau von dem Exgeliebten von der ehemaligen Miss Spandau *(Ersetzen durch regionale Provinz)* diskutieren –

LEO Ja, find ich auch.

CHRISTINE Und Entschuldigung, dass ich das so sage, aber so ganz unbekannt bin ich ja auch nicht.

ECKHARD Ja, das stimmt.

EVA Wirklich toll, dass du dabei bist.

LEO Te adoro.

Pause.

RAINER Ich fänds gut, wenn wir Valeria fragen.

Pause, alle gucken.

RAINER Gut, sie ist jetzt nicht prominent, aber sie ist eben … *Pause.* Also, sie ist es ja nun mal. Und wir machen eben einen Abend für Afrika, und ich könnt mir vorstellen, dass Valeria als schwarze Afro- … äh – Dings …

LEO Afro-Berlinerin. *(Stadtnamen entsprechend ersetzen)*

RAINER Genau, als Afri-Berlinerin … dass sie da mit dabei ist.

EVA Ich finds ganz schlimm, was du sagst, ich finds ganz schlimm.

RAINER Also, das muss doch möglich sein, dass man da wenigstens drüber … wenigstens drüber spricht. Ganz sachlich … drüber spricht.

EVA Findest du, dass ein schwarzer Mensch eine Sache ist?

RAINER Nein. Aber ich mein, wir überlegen grade, ob wir noch jemand brauchen, und es muss doch möglich sein, dass man die Frage stellt, wie könnte so ein Abend noch äh, äh, äh authentischer sein, und wir geben uns ja alle Mühe, aber wir sind eben nun mal alle … deutsch … also weiß-deutsch. Und äh … Valeria ist natürlich auch äh deutsch, aber eben … ja. *Pause.* Was ist denn? Jetzt werd ich hier so angeguckt, als wenn ich wer weiß was …

EVA Du machst aus einem Menschen eine Abenddekoration.

ECKHARD Wir sollten uns alle darüber bewusst sein, wie schnell rassistische Vorgänge passieren.

RAINER Ich, Moment mal, nein, ich bin mit Valeria gut befreundet.

EVA Valeria ist ein Individuum, zufällig ein schwarzes Individuum, und –

RAINER Ich lass mir hier nichts unterstellen.

EVA Und sie ist nicht pauschal schwarz!

RAINER Also, es muss doch möglich sein, dass man ganz sachlich –

EVA Hauptsache, noch was Schwarzes mit dabei.

ECKHARD Ja, dieses Pauschalisierende.

RAINER Also, was ist denn so abwegig daran, dass an einem Abend, wo es um eine Schule in Afrika geht, jemand mit dabei ist, der, der, der schwarz ist, der … schwarz ist. Ich meine, für wen machen wir den Abend denn?

Pause.

EVA Ich finds ganz schlimm, was du sagst, ganz schlimm.

LEO Ich denk, wir sollten einfach –

EVA Wir machen den Abend ganz bestimmt nicht für Valeria.

LEO Ich hab ihre Nummer.

EVA Sie braucht keine Schule, sie hat ihr Abitur mit 1,8.

RAINER Sie hat eben Glück gehabt und –

EVA Sie hat ihr Abitur nicht mit Glück bestanden, sondern weil sie –

RAINER Lass mich ausreden! Sie hat eben Glück gehabt, dass sie hier aufgewachsen ist! Das mein ich und dass sie die Möglichkeit hatte und dass es deshalb vielleicht auch ihr Interesse ist, andern zu –

EVA Du bist auch hier aufgewachsen!

Pause.

RAINER Und ich mach ja auch mit!

Pause.

LEO Ich würd sagen, wir fragen sie einfach.

EVA Ich bin entschieden dagegen, dass hier jemand vorgeführt wird.

LEO Aber dann kann sie doch selber –

EVA Nur weil sie schwarz ist!

RAINER Und ich bin dagegen, dass jemand ausgegrenzt wird.

ECKHARD Wir sollten uns alle darüber klar werden –

RAINER Nur weil sie schwarz ist!

ECKHARD Wie schnell wir aus Menschen Klischees machen.

EVA Das find ich auch.

RAINER *zu Eva* Du bist gemeint.

EVA Ich?

RAINER Natürlich, du entmündigst sie.

EVA Ich entmündige doch niemand, ich bin doch die, die immer –

RAINER Denk mal drüber nach.

ECKHARD *zu Rainer* Ich glaube, du solltest auch –

RAINER Ich?

EVA Ja, du siehst sie nicht als individuelle Person, sondern –

RAINER Das ist nicht wahr, das lass ich mir nicht unterstellen, und –

CHRISTINE Ich finds auch nicht gut, wenn die mit dabei ist.

Pause.

LEO »Die« heißt Valeria.

Pause.

CHRISTINE Gibt es irgendeine inspirierende Idee, was sie hier machen soll?

LEO Sie könnte was singen.

Pause, alle gucken.

LEO Was ist da denn jetzt schon wieder … Sie singt doch … toll.

ECKHARD Eine singende Schwarze. Womöglich noch im Baströckchen.

LEO Das hab ich nicht gesagt!

ECKHARD Hier werden solche Klischees –

EVA Ich finds ganz schlimm.

LEO Ich auch. Jetzt darf sie auch nicht singen, nur weil sie schwarz ist. Das ist doch der Hammer!

CHRISTINE Natürlich kann sie singen, aber wenn ihr mich fragt, wir brauchen keine Schwarze.

Pause, alle gucken.

Ich will da nicht missverstanden werden, aber für den Abend brauchen wir einfach keine. Inhaltlich brauchen wir sie nicht.

ECKHARD So, das schreib ich jetzt mal grad mal so mit. Einfach nur mal so.

CHRISTINE Ach hör doch auf, du weißt genau, wie ich das gemeint habe. Ich bin mit Valeria auch gut befreundet.

ECKHARD Also, wie hier geredet wird.

CHRISTINE Ich hab viele Schwarze in meinem Bekanntenkreis!

ECKHARD Da, schon wieder!

CHRISTINE Bitte?

ECKHARD Ich hab viele Schwarze in meinem Bekanntenkreis.

CHRISTINE Ja und? Das ist ein ganz normaler Satz.

ECKHARD Ich hab viele Schwarze, ich hab einen BMW, ich hab –

CHRISTINE Ich habe keinen BMW, und der Satz, ich habe viele Schwarze in meinem Bekanntenkreis, ist korrekt.

LEO Ich glaub auch. »Ich hab viele Schwarze in meinem Bekanntenkreis«, das ist doch, wie wenn ich sage: »Ich hab viele Dicke in meinem Bekanntenkreis«, da gehts ja auch.

ECKHARD Nein, es geht eben nicht. Du setzt Dicke und Schwarze gleich, das ist schon wieder pauschalisierend.

LEO Es ist ein Beispiel. Es ist nur ein Beispiel.

EVA Ein Beispiel transportiert etwas.

LEO Ich hätte auch Ärzte nehmen können. »Ich hab viele Ärzte in meinem Bekanntenkreis.«

ECKHARD Du hast aber nicht Ärzte genommen. Du hast Dicke genommen. Du hast ein abwertendes Beispiel genommen.

EVA Gehts jetzt auch noch gegen Dicke?

ECKHARD Menschen. Darum geht es. Dicke, große, kleine, behinderte, begabte Menschen. Weiße, rote, schwarze Menschen. Es geht um Menschen.

LEO Ja, und jetzt machen sich mal wieder alle locker.

CHRISTINE Ich bin locker.

Pause.

LEO Valeria geht auch ganz locker damit um.

RAINER Das stimmt, sie ist wirklich locker damit.

LEO Die macht da selber Witze drüber.

RAINER Ja, das stimmt. Neulich kam sie wieder mal zu spät, und dann hab ich so im Spaß gesagt, wie war das noch ... Also, sie kam zu spät, und ich hab so was gesagt, so in der Art wie: »Na, hats wieder mal im Busch gebrannt?« – Hahaha, und sie hat ... äh ...

Pause. Alle gucken Rainer an.

RAINER Gelacht. Sie hat gelacht. *Pause.* Also, sie fands komisch. Aber es war, das war auch irgendwie pointierter, also, sie kam zu spät, und ich hab gesagt, es war, also es war so was mit Buschbrand, aber, äh, auf jeden Fall hat sie gelacht. Und sie hat dann auch was Witziges ... Das war so was wie »Sorry, Massa, du mich nicht schlagen, bitte, bitte« – Hahaha ... *Pause.* Also, sie hat das dann noch richtig so mit Dialekt – »Sorry, Massa, du mich nicht« – nee, das ... das, auf einmal kommt das jetzt so rüber, als ob ich –

EVA Ja.

RAINER Nein, wir fandens beide witzig.

EVA Hats wieder mal im Busch gebrannt.

RAINER Ja, diesmal hab ich angefangen, aber ganz oft fängt sie so was an, sie ist wirklich locker damit!

EVA Natürlich geht sie locker damit um, was bleibt ihr denn andres übrig!

ECKHARD Hier passiert grade ein rassistischer –

EVA Sie kommt zu spät, was soll sie denn da sagen? Natürlich macht sie da dann mit, sie will ja nicht humorlos sein, noch dazu, wenn sie grad zu spät ist, und ich finds ganz schlimm, dass du die Situation, dass sie zu spät ist, ausnützt für so eine rassistische Bemerkung, und mit witzig hat das nichts zu tun!

LEO Ja gut, jetzt komm mal wieder runter.

CHRISTINE Ich würd jetzt ganz gern anfangen.

LEO Also »Buschbrand« find ich auch ein bisschen dick.

EVA Gehts jetzt auch noch gegen Dicke?

LEO Fang nicht wieder damit an.

CHRISTINE Ich würde jetzt ganz gern –

LEO Sie macht da wirklich selber Witze drüber.

EVA Das ist noch lang kein Grund zum Lachen.

LEO Nicht.

EVA Nein, diese Art von Witzen ist und bleibt –

LEO Moment, also wenn ein Schwarzer einen –

ECKHARD Wenn ein schwarzer Mensch!

EVA Diskriminierend.

LEO Wenn ein schwarzer Mensch einen schwarzen Witz macht, darf ich nicht drüber lachen?

CHRISTINE Wir fangen nie pünktlich an.

EVA Wenn du über solche Witze lachen kannst –

CHRISTINE Das ist unprofessionell.

EVA Ich kanns nicht. Und wenn Valeria auch solche Witze macht, und sie macht das manchmal, dann find ich das auch schlimm.

LEO Du schreibst ihr jetzt vor, über welche Witze –

EVA Nein, aber ich finde, ihr fehlt manchmal das Problembewusstsein.

LEO Tatsächlich.

EVA Ja, und dann reagiert sie unbewusst autoaggressiv rassistisch.

LEO Was macht sie?

EVA Ja, sie ist eben –

LEO Psychopathisch, ganz genau, die ist doch krank, am besten wärs, wir sperrn sie in die Klapse, heutzutage kann man Humor doch therapieren!

EVA So fängt es an, das sind gesellschaftliche Mikroprozesse, da muss man einfach aufpassen. Zuerst lachen alle herzlich drüber, und am Ende fragt sich jeder, wie konnten so viele Leute wegschaun, wie konnte das passieren? Und es fängt da an, wo jemand ausgestellt wird und eine Person aufgrund ihrer Hautfarbe –

RAINER Von vornherein ausgeschlossen wird.

LEO Ja, und auf unser Plakat schreiben wir: Benefiz für Afrika, Schwarze ausgeschlossen. P. S. besonders witzige Schwarze.

CHRISTINE Also, Leute, ich würd ganz gerne diese Diskussion beenden und noch über Inhalte reden.

EVA Wir reden über Inhalte.

ECKHARD Also, dass in unserer Zeit die Hautfarbe eines Menschen immer noch ein Inhalt ist!

EVA Ja. Und deshalb muss man sich im Kontext von so einer Veranstaltung schon Gedanken machen, welcher Inhalt sich dadurch transportiert.

LEO Ich find, Valeria transportiert einen Superinhalt.

RAINER Ja. *Zu Leo, halblaut* Sogar zwei.

Sie müssen kichern.

LEO Tschuldigung.

EVA Das mein ich, genau das.

RAINER Ja mein Gott, sie ist halt einfach sexy; darf sie das jetzt auch nicht sein?

EVA Ja, die schwarze Sexbombe, ja, das findet ihr gut.

CHRISTINE Na, soo wahnsinnig sexy ist sie ja nun auch wieder nicht.

RAINER Och …

CHRISTINE Und wenn mans genau nimmt, so wahnsinnig schwarz ist sie eigentlich auch nicht.

LEO Wie meinst du das?

CHRISTINE Wie ichs gesagt hab.

LEO Du findest sie nicht schwarz genug.

CHRISTINE Also, entweder ist die Hautfarbe ein Inhalt, ich finde nicht, aber wenn doch, dann sollte man da auch inhaltlich drüber reden und sich fragen, ob dann eine Halbschwarze richtig ist oder ob man nicht besser –

ECKHARD Gleich langts mir. Das … das … also gleich langts mir hier.

LEO Ja, das geht jetzt echt zu weit.

CHRISTINE Jetzt macht ihr euch mal nicht ins Hemd. Wir machen einen Abend für eine Schule in Guinea-Bissau. Brauchen wir dazu eine Vorzeigeschwarze? Ich finde nicht, wenn ja, muss die Frage erlaubt sein, ob Valeria die richtige ist.

EVA Wir backen uns eine. An der kneten wir so lang rum, bis sie richtig ist.

CHRISTINE Ach hör doch auf. Du willst doch auch nicht, dass sie mit dabei ist.

EVA Ja, aber doch nicht weil sie nicht schwarz genug ist, sondern weil sie nicht vorgeführt werden soll.

LEO Herrgottnochmal, wir sind doch mit ihr alle gut befreundet, und irgendetwas wird uns doch wohl einfallen, was sie hier machen kann, was nicht sofort klischeeverdächtig ist, irgendetwas ganz Normales, Schönes.

EVA Und was wär das?

Lange Pause.

RAINER Tja, dann …

LEO Sind wir komplett.

2 Sehen wir die Leute?

RAINER Noch eine Frage, sehn wir die Leute?
LEO Was meinst du mit Leute?
RAINER Na die, die da sitzen.
LEO Is mir grad auch nicht so klar.
Pause. Wahrnehmen des Publikums.
EVA Ich würd sagen, wir sehn sie.
CHRISTINE Quatsch, das ist eine Probe, da sind keine Leute.
RAINER Und die, die da sitzen?
CHRISTINE Keine Ahnung, geht mich nichts an.
RAINER Also sind sie jetzt da oder nicht?
EVA Vielleicht sind sie auch nur zur Probe.
ECKHARD Ja, finde ich gut, nur so zur Probe.
CHRISTINE Ich würd sagen, wir entscheiden das einfach.
RAINER Also das heißt, wir proben wie immer –
LEO Und die Leute –
EVA Proben verantwortungsbewusstes Weltbürgertum.
ECKHARD Ja, finde ich gut.
LEO Ich find das zu groß.
EVA Warum, ist doch eh nur zur Probe.
CHRISTINE Also Leute, ich würd dann ganz gern.

3 Guinea-Bissau liegt in Westafrika

LEO *zum Publikum* Guten Abend, meine Damen und Herren; ich darf Sie probehalber ganz herzlich begrüßen, schön, dass Sie da sind, schön, dass Sie viele sind, ernstes Thema heute, Afrika. Schon das Wort löst bei den meisten reflexartig Beklemmung aus, ganz besonders, wenn es im Zusammenhang mit dem Wort Benefiz steht, liegt der noch viel beklemmendere Verdacht nahe, dass wir womöglich an Ihr Geld wollen. Ich kann Ihnen versichern – genau so ist es. Und um die Peinlichkeit zu vermeiden, dass wir am Ende des Abends mit einem Körbchen durch die Reihen gehen, würd ich sagen, wir machens einfach anders. Am besten nimmt jetzt grad mal jeder zehn Euro aus dem Portemonnaie, keine Angst, die sollen Sie nicht spenden, ganz im Gegenteil, die halten Sie mit der linken Hand gut fest, danach machen Sie das Portemonnaie wieder zu und werfen es mit der rechten Hand ganz locker hier nach vorne. Einfach so, spontan, ganz locker aus dem Handgelenk, dann sind Sie diese Sorge schon mal los. Sie lehnen sich entspannt zurück und können sich einfach auf den Abend konzentrieren. Ja. Verstehe. Ist doch mehr Beklemmung da, als ich angenommen hatte. Gut, kleine Aufwärmübung, einfach ganz locker in die Hände klatschen, ich zeigs mal, so, ganz einfach, nur die Handflächen aneinander, jeder so für sich, wenn sich zufällig ein Applaus entwickelt, macht das auch nichts, einfach zulassen, nicht blockieren. *Er holt sich charmant und frech den Applaus ab.* Dankeschön, das klappt ja schon ganz gut. Nächste Übung, mit den Händen locker nach unten greifen –

CHRISTINE Entschuldigung, ich dachte, die Nummer wär draußen.

LEO Bitte? Das wüsst ich aber. *Wieder zum Publikum* Und abwechselnd nach oben und nach unten …

EVA Ja, das ist so: Das letzte Mal musstest du ja früher gehen, und wir haben dann noch so geredet, und wir finden, dass das für den Anfang vielleicht nicht so gut ist, wenn da, wenn da – …

CHRISTINE Wenn da so eine fürchterlich alberne Animationsnummer ist.

LEO Aha.

EVA Du machst es ganz, ganz toll, aber –

ECKHARD Ja, wir finden, dass der Anfang doch seriöser sein soll.

LEO Was heißt das?

CHRISTINE Also bitte, sich derart an die Leute ranzuschmeißen, das ist doch wirklich … Bierzelt.

LEO Ja … gut … Wenn das auf einmal Bierzelt ist, dann lass ichs eben weg.

EVA Hmm.

LEO Ja, aber wie komm ich dann auf meine Dschungelpantomime?

EVA Das wär auch weg.

LEO Ach, das Ganze!

EVA Also, es wäre die Begrüßung, und dann –

CHRISTINE Mach ich weiter.

LEO Ja … schön, dass ich das auch erfahre.

EVA Du, wir probierens einfach aus.

LEO Gut, das heißt dann, ich sitz am Anfang erst mal ganz blöd rum.

EVA Nein, die Begrüßung, die wär ja noch, die bleibt ja, die machst du super.

Lange Pause.

LEO Guten Abend meine Damen und Herren, ich darf Sie ganz herzlich begrüßen.

CHRISTINE Afrika, der geheimnisvolle Kontinent, hat viele Gesichter. Eine atemberaubende Landschaft, traumhafte Strände und eine jahrtausendealte Kultur. Aber Afrika, das ist auch Elend, Krieg und Armut. Dieses andre, schreckliche Gesicht unvorstellbarer Not sehn wir selten direkt; wenn es uns doch begegnet, ist es medial geschminkt, sehn wir es formatgerecht arrangiert, und manchmal begegnet es uns in seiner zynischsten Erscheinung, als abstrakte Grafik in einer Statistik. Aber Armut ist keine Realität der Zahlen, Worte und Bilder. Armut ist eine konkrete physische Realität von

Schmerzen und Leid, ist die tägliche Erfahrung von Ohnmacht und Wertlosigkeit, bedeutet, sein Kind sterben zu sehen, an einer Krankheit, die Hunger heißt und die geheilt werden könnte – mit Reis.

ECKHARD Es sind Menschen, die –

CHRISTINE Ich würds gern zu Ende machen.

ECKHARD Tschuldigung.

CHRISTINE Die entsetzliche Not hinter den Bildern, Zeitungsnotizen und Tabellen bleibt für uns unvorstellbar. Aber diese Not ist die tagtägliche Realität für so viele Menschen, ist Realität, egal wie oft wir sie wegzappen, umblättern, ausschalten; ist Realität, in diesem Moment, nicht auf einem fremden Planeten, in dieser Welt, auf einem Kontinent, der 14 Kilometer von Europa entfernt liegt.

ECKHARD Es sind –

Christine guckt.

ECKHARD Oh.

CHRISTINE Jedes Leben ist einzigartig, jeder Tod ist eine Tragödie, jeder Mensch ist kostbar.

ECKHARD *wartet so lang ab, bis er hundertprozentig sicher ist, dass Christine fertig ist.* Es sind Menschen, die sterben, und es sind Menschen, die diesen Tod verursachen, indem sie die Güter der Welt ungerecht verteilen. Afrikas Elend ist weder Schicksal noch Zufall, es ist von Menschen gemacht. Von Menschen, die diesen Kontinent systematisch ausgeplündert haben, von Menschen, die das heute immer noch tun, und von Menschen, die das schweigend dulden. Die Katastrophe Afrikas ist das katastrophale Versagen der sogenannten zivilisierten Welt. Es sind Menschen, die diese Welt verändern können. Der beste Zeitpunkt, das zu tun, ist jetzt.

EVA Helfen Sie uns, eine Schule zu bauen, in einem der ärmsten Länder der Welt, Guinea-Bissau. Tragen Sie dazu bei, dass für Kinder, die von der Welt vergessen sind, ein Ort der Hoffnung entsteht. Helfen Sie uns, zu helfen.

RAINER Guinea-Bissau liegt in Ostafrika, hat eine Kindersterblichkeit von 24,8 Prozent und hält damit einen traurigen Rekord. In ganz Westafrika sind die Verhältnisse … *Er guckt in seinem Text nach.* Entschuldigung. Guinea-Bissau liegt in Westafrika und hält damit einen traurigen Rekord. Die politischen Verhältnisse in Ostafrika … und … Westafrika … überhaupt in Afrika sind die politischen Verhältnisse verheerend. Ein Teufelskreis von Armut, Gewalt, Leid … *Er blättert in seinen Unterlagen, die aus losem Infomaterial, Stichwörterzetteln, unsortierten Aufzeichnungen und Notizen bestehen. Er findet die Stelle nicht, die er sucht, bemüht sich, seine schlechte Vorbereitung professionell zu überspielen, und improvisiert weiter, so gut es halt geht.* Aids … *Pause.* Korruption, Prostitution … *Pause.* Prostitution … *Pause.* Folter … *Pause.* Tuberkulose … *Pause.* Dürre, Drogen, Diktatur, Überschwemmung … *Pause.* Überbevölkerung … *Pause.* Prostitution … *Pause.* Lepra, Blindheit, Kinderarbeit … *Pause.* Kindersoldaten … *Pause.* Beschneidung, Psyche, Armut und … *Pause.* Folgen. *Pause.* Die Folgen für die Psyche sind, gerade für die Kinder, überall gibt es psychische Kinder. Besonders schrecklich war der Bürgerkrieg 1998, wo ein Militärputsch unter der Führung von, na, von … also es war sehr blutig, und diese Militärleute sind gegen die Schwarzen … gegen die schwarze Bevölkerung mit unglaublicher Härte vorgegangen, die ja ebenfalls … schwarz, also Schwarze gegen … Schwarze, und besonders schrecklich waren die Ausschreitungen nach dem Putsch, wo der … also, es war irgendwie so, dass noch französische Söldner aus dem Senegal … Frankreich hatte da also auch noch was damit zu tun, und diese Söldner aus dem Senegal, das zu Guinea gehört … oder zumindest benachbart ist, und … äh, die haben gegen das Militär … zusammen mit dem Militär, gegen die Regierung, die dann ihrerseits auch blutig gegen verschiedene … verfeindete Bevölkerung und auch befreundete ... Jedenfalls gab es dann eine Interimsregierung, die wohl demokratisch ... also eine Militär-Demokratie ... Es kam zu Plünderungen und blutigen ... ja. Politisch ging es drum, dass ... also dass die ... Dings, die, na ... Krieg, Hunger, Not und Leid, immer sind es Kinder, die am härtesten betroffen sind. Jedes Jahr sterben 80 Millionen Menschen an Unterernährung und ... Entschuldigung, ich meine natürlich 8 Millionen, da ist wohl aus Versehn eine Null zu viel, das kann passieren, an Unterernährung und den Folgen. *Er blättert.* Diese ... 80 Millionen Menschen, ah ja, dann gehört die Null wohl doch dazu, diese 80 Millionen Menschen, Entschuldigung, aber das kommt mir doch zu viel vor, *Er blättert.* jedenfalls sterben jährlich ... zwischen 8 und 80 Millionen an ... doch, ach tatsächlich, 80, das ist ja ... das hätt ich nicht gedacht, dass das so viel, ich mein 80 Millionen, das ist ja einmal Deutschland jährlich – weg. Also das kommt mir schon viel vor ... Lassen wir einen Schriftsteller zu Wort kommen, der in Guinea-Bissau aufgewachsen ist und der Folgendes ... ja, er schreibt im Prinzip darüber, dass äh, also es geht um ... grenzenlose Solidarität ... also gren-zen-los, aber äh, er hat das ganz poetisch ausgedrückt, er schreibt, dass die ... Kinder, also, dass die ... schwarzen Kinder, aber das ist ja klar, um die gehts ja eh ... er beschreibt aus der Sicht eines Kindes ... also es ist der Dialog eines Kindes mit einem ... Weißen, mit einem vorgestellten Weißen und äh, das Kind fragt ihn also ... ja, ich kriegs nicht mehr im Wortlaut, aber äh, es hat mich sehr berührt. Krieg, Hunger, Not und Leid, immer sind es die Kinder. Dankeschön.

CHRISTINE Wie wir gehört haben, gibt es in Guinea-Bissau 70 Prozent Analphabeten. Helfen Sie mit, dass für die Kinder in Guinea-Bissau das Wort Hoffnung kein kryptisches Zeichen mehr ist, sondern gelesen und verstanden werden kann.

Pause.

EVA *zu Eckhard* Machst du das noch mit der Pappe?

ECKHARD Ach so, ja. *Zum Publikum* Der kleine Paolo ist 8 Jahre und schläft auf Wellpappe. Ich habe hier mal ein Stück Pappe mitgebracht. Ein ganz gewöhnliches Stück Pappe, in dem wir unsre Lebensmittel nach Hause tragen, Pappe, auf der wir Grüße versenden, Pappe, in der CDs drin sind … Also die Außenhülle ist ja meistens Hartplastik, aber innen drin ist ja manchmal so ne Pappe … Papphülle, überhaupt verwenden wir Pappe … ja, was macht man noch damit, wir decken damit Autoscheiben ab, und nicht zuletzt verwenden wir sie bei der Haustier-Hygiene, Sie wissen, was ich meine. Jedenfalls ist Pappe für uns ein ganz belangloses … Stück Pappe eben. Paolos Träume handeln nicht davon, Popstar zu werden, Paolo träumt von einer sauberen Strohmatte, von Schlafendürfen und von drei Mahlzeiten am Tag.

EVA Ein afrikanisches Sprichwort sagt – Entschuldigung, dass ich unterbreche, *zu Leo* wenn du magst, könntest du das sagen.

LEO Warum das denn?

EVA Ja, weil, wenn du jetzt nur den Anfangssatz hast –

LEO Schon okay.

EVA Aber dann wärst du noch mehr mit dabei.

LEO Das ist in Ordnung, ich hab meinen Anfangssatz und –

EVA Also, ich versteh nicht –

LEO Ich will eben einfach nicht.

CHRISTINE Dann lass ihn doch, wenn er lieber beleidigt ist.

LEO Das hat doch damit nichts zu tun.

EVA *wieder zum Publikum* Ein afrikanisches Sprichwort sagt –

LEO Also gut.

EVA Was?

LEO Ich … machs doch.

CHRISTINE Leute, ich bin bald auf hundertachtzig.

Eva bringt Leo den Text.

EVA *zeigt auf die Textstelle.* Hier.

LEO Ach, das ist alles? Das ist ja nur ein Satz.

EVA Ja, mehr hab ich auch nicht.

ECKHARD Wenn du magst, kannst du von mir das mit der Pappe –

LEO Neiin!

CHRISTINE Jetzt hört doch auf mit diesem Kinderkiki! Ist doch wurscht, wer dieses blöde Sprichwort sagt!

EVA Du findst das blöd?

Ein tödlicher Blick von Christine. Eva setzt sich wieder, alle wieder in Bühnenkonzentration.

LEO Ein afrikanisches Sprichwort sagt: »Gib einem Hungernden einen Fisch, und er wird für den Abend satt sein, lehre ihn angeln, und er wird nie wieder – *guckt in den Text* hungern.«

CHRISTINE Ich möchte Ihnen einen Brief vorlesen. Eine Freundin von mir arbeitet in einem Hospital in Guinea-Bissau. Sie schreibt: Vor zwei Wochen haben wir ein kleines Mädchen auf der Müllkippe gefunden. Rafael sagte später, im ersten Moment hatte er gedacht, da läge ein totes Tier, so entsetzlich war ihr Zustand. In ihrem Mund fanden wir kleine weiße Kügelchen. Später stellte sich heraus, sie hatte Styropor gegessen. Tag und Nacht haben wir um ihr Leben gekämpft. Wir nannten sie Sabaniy, Lebensmut. Rafael hatte ihr eine kleine Giraffe mitgebracht. Er setzte die Giraffe aufs Bett, und Sabaniy guckte sie lange an, ohne sich zu rühren. Auf einmal nahm sie die Giraffe und drückte sie an sich. Das war so, als ob sie die Hand nach dem Leben ausgestreckt hätte, entschlossen, es wieder zurückzuerobern und nicht mehr loszulassen. Nach elf Tagen dachten wir, sie hätte es geschafft. Das war der Morgen, als ich zu ihr kam und sie mich zum ersten Mal angelächelt hatte. Sie hat es nicht geschafft. *Christine macht einige kleine Verlegenheitsgesten, die man macht, wenn man merkt, dass man gegen seinen Willen weinen muss.* Wir konnten ihr nicht helfen. *Sie kämpft mit den Tränen.* Sie durfte ihr Leben nicht leben – Entschuldigung … *Sie weint.* Das geht mir grad so nah. *Sie wendet sich ab mit Tränen in den Augen.*

Sie bemerkt, dass Eva auch weint.

CHRISTINE Ich wusste nicht, dass du an dieser Stelle auch weinst.

EVA Entschuldigung, mir gehts grad auch so nah … Tschuldigung. *Eva weint sehr. Pause. Eva reißt sich zusammen und hört auf zu weinen.* Alles klar.

CHRISTINE *zum Publikum* Wir können diesem Mädchen nicht mehr helfen. Aber wir können dem Kind helfen, das jetzt im Moment –

Rainers Handy läutet. Er findet es nicht gleich. Er macht es aus und geht wieder zu seinem Platz.

RAINER Sorry …

Pause.

CHRISTINE Wir können diesem Mädchen nicht mehr helfen. Aber wir können dem Kind helfen, das jetzt im Moment – *Rainer hat offensichtlich den Anrufer zwar weggedrückt, aber das Handy nicht ganz ausgemacht, denn jetzt hört man das Handyfiepsen der Mailbox, nachdem der Anrufer aufgelegt hat.*

4 Kinderkikischeißpalme

Pause. Gewitterwolke.

RAINER Tut mir leid, hm. Sorry.

CHRISTINE Um eins hier klarzustellen, ich mache einiges mit, aber ich mache nicht mehr Volkshochschule. Entweder einigen wir uns auf ein Minimum an Professionalität, oder ich gehe. Zuerst muss ich mir dieses unsägliche Dingens über Krieg und Aids und was weiß ich noch anhörn, das ist eine solche Katastrophe! Und Analphabetismus ist ein Stichwort, und das brauche ich! Und diese Scheißhandys haben einen Knopf, da stellt man sie aus! Ich muss das hier nicht machen, wirklich nicht. Ich habe mich bereiterklärt, und ich erwarte nicht, dass man mir dafür die Füße küsst, aber ein Minimum an Respekt erwarte ich! Und dann wird mir da in meinen Text geheult –

EVA Entschuldigung, das war spontan.

CHRISTINE Entschuldigung, es war ausgemacht, dass ich das spontan an dieser Stelle mache! Und übrigens – *Sie zeigt auf die Palme.* was soll das da sein, bitteschön, was soll das sein, und wie kommt das hierher?

EVA Das ist –

CHRISTINE Das ist das Grauen. Wer macht denn das, wer bringt hier einen solchen Scheiß mit?! Das ist so ein Kinderkiki, das geht doch nicht, soll das Leuteverarsche sein oder was? So ein Kitsch, so ein Scheiß!

LEO Also, wenn wir schon dabei sind, dann hätte ich noch anzumerken, dass ich in Zukunft gerne ein bisschen früher darüber informiert werden würde, wenn eine ganze Nummer von mir einfach so gestrichen wird.

RAINER Ja, hab ich vergessen.

LEO Abgesehn davon, dass ich da eventuell auch mitzureden habe.

EVA Ja, zu dem Scheiß, *Richtung Palme* da möchte ich noch sagen, der Scheiß da ist von mir, das tut mir leid, den tun wir jetzt mal weg. Den Scheiß! *Fetzt die Palme weg.* Weg damit, Scheißidee, die hatt ich gestern Abend, als ich mir die Kinderpostkarten angeschaut hab und mich da dran erinnert habe, wie das war als Kind, einfach so zu malen, einfach ganz naiv, und dann hab ich mich die ganze Nacht da dran gesetzt und hab gebastelt und gemalt, und ich hatte sehr viel Spaß mit dieser Scheißidee! Das tut mir leid und auch, dass ich gedacht hab, so ein Abend hätte für Verschiedenes Platz, und es sollte keine Leuteverarsche sein, das tut mir auch leid! Entschuldigung an alle wegen dieser Kinderkikischeißpalme!!

ECKHARD Es geht um Menschen.

RAINER Ja, und wenns schon darum geht, dann möchte ich anmelden, dass ich auch einer bin und dass ichs gut fände, wenn jeder seinen Siff entsorgen könnte.

LEO Was heißt das denn?

RAINER Das heißt zum Beispiel, dass ich auf meinem Klemmblock in Zukunft kein angefressenes Käsebrötchen finde.

LEO Ah, das ist wirklich eklig.

EVA Ja gut, das geht jetzt auch noch gegen mich. Ich hab mich schon gewundert, warum du zu mir so komisch bist, jetzt weiß ich ja, aha, das ist eine Käsebrötchenkrise!

RAINER Ich mein das ganz ernst.

EVA Ja, schlimm genug! Wir sprechen über Kinder, Tod und Menschenwürde, aber das Einzige, was dich interessiert –

RAINER Das geht gegen meine Würde! Es gibt einfach ein paar Grundverabredungen, und mit der Kaffeekasse, das klappt auch nicht.

CHRISTINE Wie, das klappt nicht?

RAINER Wir haben gesagt, dass jeder wöchentlich was einzahlt.

EVA Das hab ich auch!

RAINER Du vielleicht.

LEO Ich hab auch …

ECKHARD Ich hab einmal nicht, aber dafür hab ich den Orangensaft –

RAINER Und warum man mit einem dreckigen Kaffeelöffel in der Zuckertüte rumrührt –

EVA Das war ich nicht!

RAINER Und dass ich ständig unterbrochen werde, nervt mich auch!

ECKHARD Vielleicht versuchen wir es einfach mit ein bisschen mehr Respekt.

CHRISTINE Ich rede von nichts anderem.

LEO Ich würd sagen, alle machen sich mal wieder locker.

CHRISTINE Ich bin locker!

5 Projektionen

Der Diaprojektor ist eingeschaltet.

CHRISTINE Wir möchten Sie einladen, die Gegend von Nhacete in Guinea-Bissau besser kennenzulernen. Die folgenden Bilder wurden im Juni letzten Jahres gemacht und geben einen Einblick in das tägliche Leben.

Leo hat per Fernbedienung den Projektor angeknipst, es erscheint nur das Dialicht auf der Leinwand. Er klickt wieder, aber der Projektor springt immer wieder zurück, von Leerbild zu Leerbild.

LEO Moment noch. *Er geht mit der Fernbedienung zum Gerät, knipst und klickt und hantiert mit dem Apparat. Offensichtlich klemmt das Magazin.*

RAINER *geht zu ihm.* Kann ich mal? *Er knipst und klickt, macht dasselbe mit dem Gerät wie Leo.* Aha. Vielleicht ist ja ein Dia schief.

LEO Nein. Bestimmt nicht.

RAINER Vielleicht die Einstellschraube.

LEO Hmm.

Sie hantieren mit dem Gerät. Einer schraubt das Objektiv ab. Eckhard geht zu den beiden.

ECKHARD Kann ich mal? *Er knipst und klickt und macht dasselbe mit dem Gerät wie die andern.* Kann es sein, dass da ein Dia schief sitzt?

LEO Nein, das glaub ich nicht.

ECKHARD Es könnte auch an der Einstellschraube liegen.

LEO/RAINER Hmm.

Sie hantieren zu dritt. Männer.

EVA Habt ihr mal geschaut, ob der Stecker drin ist?

Die drei drehen sich um und töten sie schweigend.

EVA Ich mein ja nur … weil … manchmal liegts ja einfach da dran, dass der Stecker nicht drin ist.

Sie hantieren weiter.

LEO Tja. Am besten hol ich mal n Schraubenzieher.

CHRISTINE Wehe! Dann sind wir noch hier bis morgen früh. Wir machens trotzdem einmal durch, für die Reihenfolge.

Sie stellen sich auf. Während der Szene schaltet Leo mit der Fernbedienung weiter. Man hört das typische Geräusch durchlaufender Dias, aber der Projektor springt nur von Leerbild zu Leerbild. Die Leinwand bleibt immer eine weiße Projektionsfläche.

CHRISTINE *zum Publikum* … geben einen schönen Einblick in das tägliche Leben.

Klick.

Hier sehn Sie eines der typischen Dörfer von Nhacete. Wie man sieht, sehr einfache Lehmhütten, die mit Stroh gedeckt sind, sehr typisch ist auch dieses intensive Rot von dem getrockneten Lehm und die viereckige Grundform.

Klick.

Dorfbewohner beim Sortieren von Cashewnüssen.

Klick.

CHRISTINE Die Cashewnuss ist ja nur der winzige Teil einer –

Klick.

Ja, hier sieht mans besser. Das Ganze ist der Cashewapfel, und dieser kleine Haken, der da unten dran ist, enthält eine einzige Cashewnuss. Jetzt kann man sich vorstellen, wie aufwändig die Ernte ist, bis man auch nur eine Handvoll Cashews hat.

Klick.

Die Geschicklichkeit, mit ein paar Binsen die erstaunlichsten Dinge zu flechten, ist einzigartig.

Klick.

amüsiert Auch die Kleinsten versuchen zu helfen.

Klick. Alle müssen ein bisschen lachen. Klick.

Trotz aller Fröhlichkeit

Klick.

Ist das Leben sehr anstrengend.

Klick, Klick. Klick.

Die Frauen tragen das Wasser mehrere Kilometer weit.

Klick.

Die Essenszubereitung nimmt viel Zeit in Anspruch.

Klick.

Reis …

Klick.

… Mangos. Und – für uns ein wenig gewöhnungsbedürftig –

Klick.

Schlange. Das ist tatsächlich eine Pythonschlange.

Klick, Klick.

Diese Pythonschlangen sind sehr verbreitet.

Klick.

Sie werden bis zu drei Meter lang.

Klick.

Und hier erzählen Dorfbewohner, wie sie im letzten Moment eine Pythonschlange töten konnten, die dabei war, ein kleines Kind zu erwürgen. Wie durch ein Wunder hat es überlebt. Links im Bild ist die Mutter.

Klick.

Dieser bildhübsche junge Mann ist Chatulukka, und das hier –

Klick. Amüsiertes Lachen.

Ist Chatulukkas Auto.

Klick.

Und das ist der Beweis, es fährt tatsächlich. Die einzige Erklärung dafür ist Voodoo.

Klick.

Das sind die Überreste einer abenteuerlichen Konstruktion für Cashewschnaps, die aber im Bürgerkrieg zerstört wurde und seitdem –

ECKHARD Ich finde, über diese Schnapsmaschine sollten wir doch noch mal reden.

CHRISTINE Ach, komm, die ist so lustig!

ECKHARD Ja, aber dann müsste man noch etwas dazu sagen, damit das nicht falsch aufgefasst wird.

LEO Ach, das glaub ich nicht.

EVA Ich find das schon sehr heikel.

LEO Die ist doch sowieso kaputt.

CHRISTINE Das sag ich ja sogar noch mit dazu.

EVA Aber das muss doch nicht sein, dass man da so eine Assoziation aufbaut.

ECKHARD Wir haben schon das Auto drin gelassen.

RAINER Da kann man ja wohl nicht von Auto reden.

CHRISTINE *zu Eckhard* Du meinst doch nicht, nur weil sich hundert Leute eine Schrottkarre teilen, kommt es zu wohlhabend rüber.

ECKHARD Ich bin mir nicht sicher.

CHRISTINE Aber ich.

LEO Und da kommen ja auch noch die andern Bilder.

Klick.

zu Christine Das ist das, wo sie die Mangos trocknen.

CHRISTINE *wieder zum Publikum* Die Bewohner dieses Dorfes sind arm, eine Hungersnot blieb ihnen zum Glück die letzten Jahre erspart.

Klick.

Das ist ein andres Dorf.

Klick, Klick. Klick.

Eine Überschwemmung hat alle Reispflanzen vernichtet.

Klick.

So sieht Malaria aus, wenn es nicht behandelt wird.

Klick, Klick. Klick.

Und so sieht Hunger aus.

Pause.

Wir haben lange überlegt, ob wir Ihnen die folgenden Bilder zeigen sollen. Wir haben uns entschieden, das zu tun, denn Realität kann erst dann verändert werden, wenn sie als Realität zur Kenntnis genommen wird.

Klick. Große Betroffenheit. Klick. Klick. Klick, Klick, Klick. Klick. Klick. Aufatmen.

Aber auch Hoffnung ist ein –

LEO Nee, das ist noch das, wo das tote Kind in der Schubkarre –

CHRISTINE Ach, jetzt doch.

LEO Ihr wolltet das. Ich finds zu viel.

RAINER Ich auch.

EVA Achgott, jetzt weiß ich, welches du meinst.

LEO Ich bin dafür, dass wir es rausnehmen.

ECKHARD Ich bin dagegen.

CHRISTINE Leute!

ECKHARD So sieht Hunger eben aus, und ich finde –

LEO Brauchen wir wirklich solche Schocker?

ECKHARD Es ist schockierend.

EVA Und wenn wirs nur andeuten?

LEO Wie das denn?

EVA Vielleicht nur so unscharf.

CHRISTINE Na, entweder oder.

LEO Ich bin für oder. Ich bin für raus.

EVA Ich weiß nicht.

RAINER Ich bin auch für raus.

ECKHARD Aber dann bleibt die Schnapsmaschine auch nicht drin.

LEO Doch!

ECKHARD Nein, dann lassen wir an beiden Enden etwas weg.

CHRISTINE Also was jetzt?

ECKHARD Es ist angekündigt, dass jetzt solche Bilder kommen –

EVA Ich finde –

ECKHARD Und dann kann man sie auch zeigen.

CHRISTINE Also gut.

LEO Ich bin für raus.

CHRISTINE Wir lassens drin, und jetzt würd ich ganz gern weitermachen.

LEO *leise* Mann!

Wieder kollektive Betroffenheitskonzentration. Klick. Aufatmen.

CHRISTINE Aber auch Hoffnung ist Realität.

Klick.

Das ist der Grundriss der Schule.

Klick.

Auf diesem Gelände soll sie gebaut werden.

Klick.

Und so würde sie aussehn.

Klick, Klick. Klick. Verträumte Freude. Gerührtsein. Klick.

Helfen Sie mit, dass diese Vision Wirklichkeit wird.

Leo schaltet den Projektor aus.

Ich glaub, das könnte noch ein bisschen länger stehn.

6 Natürlich ist das ein Spot!

Eva und Eckhard setzen sich nebeneinander. Rainer macht am Lichtpult einen Spot auf die beiden. Eva legt für die Szene Karteikarten zurecht; auf der einen Seite ist jeweils das Foto eines schwarzen Kindes, auf der Rückseite steht die Biografie des Kindes. Sie beginnen mit der Szene. Eckhard zeigt Eva das Bild von Paolo.

EVA Oh Gott, wie schrecklich.

LEO *unterbricht.* Entschuldigung, dass ich – äh, aber … äh, warum gibts da jetzt auf einmal einen Lichtwechsel?

EVA Also, du musstest das letzte Mal ja früher –

LEO Das weiß ich!

EVA Und wir haben dann so überlegt, dass wir an dieser Stelle das Licht ein bisschen runterdimmen, weil jetzt kommt ja eher was Intimeres.

LEO Ah. Okay.

EVA *beginnt wieder mit der Szene, sieht wieder auf das Bild.* Oh Gott, wie schrecklich.

LEO Entschuldigung, aber – … also, findet ihr das wirklich gut, wenn da auf einmal, völlig aus dem Nichts, auf einmal so ein Spot kommt?

EVA Das ist doch kein Spot.

LEO Natürlich ist das ein Spot! Zack, Spot, Hohoho, Bedeutung Großbuchstaben: WICHTIGWICHTIG.

ECKHARD Ja gut, dann bleibts eben, wie es war. *Zu Rainer* Machs wieder hell.

LEO Nein, lass es so, wenn ihr findet, dass das gut so ist …

RAINER Also, was jetzt?

ECKHARD Einfach hell.

Rainer macht hell.

ECKHARD Na so ein bisschen kannst du schon runterfahren, so n bisschen eben.

RAINER *fährt das Licht runter.* Sag stopp.

Rainer fährt das Licht wieder runter; wenn es wieder genau so ist wie vorher, sagt Eckhard:

ECKHARD Stopp.

EVA So ist es doch gut. *Zu Leo* Findest du auch?

LEO Ja, viel besser.

RAINER Also, so wars vorhin.

CHRISTINE Lieber Gott, ich danke dir für meine Geduld!

7 Patenschaft

EVA *beginnt mit der Szene.* Oh Gott, wie schrecklich.

ECKHARD Na ja, ab jetzt wird er ja nicht mehr auf der Straße schlafen, ab jetzt hat er einen Patenonkel.

Eva sieht andere Fotos an.

ECKHARD Das geht jetzt ganz schnell. Heute ist Dienstag, wie lang dauert so eine Überweisung, maximal eine Woche, ab nächsten Dienstag hat er regelmäßig zu essen. Jetzt kann er zur Schule, vielleicht studiert er später …

EVA Schau mal, das Mädchen hier hat keine Arme.

ECKHARD Ja, schrecklich.

EVA Warum hast du nicht das Mädchen genommen?

ECKHARD Ich hatte sie schon in der engeren Wahl, aber ich dachte mir, sie hat so ein süßes Gesicht, da findet sie vielleicht eher jemand, der –

EVA Ohne Arme.

ECKHARD Ja, aber sie hat wenigstens Eltern, sie ist wenigstens noch in einem Familienzusammenhang, und Paolo lebt eben buchstäblich auf der Straße. Mein Gott, der ist acht Jahre alt und lebt auf der Straße. *Pause.* Der hat was Freches im Gesicht, das gefällt mir, und eine schiefe Nase.

EVA Da hat er Glück gehabt, dass er eine schiefe Nase hat.

ECKHARD Ja.

EVA Ich glaube, das Mädchen ist dringender.

ECKHARD Na ja, aber jetzt hab ich mich eben schon entschieden. Ich hab schon alles ausgefüllt.

EVA Das kannst du ändern, du kannst Paolo durchstreichen.

Eva gibt ihm ein anderes Formular.

ECKHARD Ja, aber ich glaube, ich bleibe bei Paolo. Ich … ich hab mich auch schon an den Namen gewöhnt.

EVA Das Mädchen heißt Lucile.

ECKHARD Aha. Lucile.

Pause.

EVA Ich denke, bei so was sollte man nicht nach persönlichem Geschmack gehen, sondern nach Notwendigkeit.

ECKHARD Na ja gut, aber ein Kind, das auf der Straße lebt, also das ist doch …

EVA Ein Mädchen ohne Arme ist schlimmer dran als ein Junge ohne Eltern.

ECKHARD Ich weiß nicht.

EVA Doch. Ein Mädchen ohne Arme ist auch schlimmer dran als ein Junge ohne Arme. Ein Mädchen ist immer schlimmer dran.

ECKHARD Lucile. Mein Gott, schau dir das an. Ja, wahrscheinlich hast du recht. Ich entscheide mich doch für Lucile. Und Paolo …?

EVA Der kommt schon durch.

ECKHARD *füllt das Formular neu aus.* So »… überweise ich hiermit … Lucile«, Unterschrift. Jetzt hab ich eine Patentochter. Ja. *Pause.* Mir tuts ein bisschen leid wegen Paolo. Ich hatte mir vorgestellt, wie das wäre, wenn er mich vielleicht irgendwann besuchen kommt und ich ihn am Flughafen abhole und er sagt vielleicht … – na ja, jetzt hab ich mich schon für Lucile entschieden.

Pause.

EVA Kannst du nicht beide nehmen?

ECKHARD Ja, theoretisch schon ... Das kommt drauf an. Also mit 12 Euro im Monat kann man dafür sorgen, dass so ein Kind regelmäßig zu essen hat, keine Kinderarbeit machen muss und ordentliche Kleidung hat. Mit 25 Euro kann man dafür sorgen, dass ein Kind außerdem zur Schule gehn kann und später einen Ausbildungsplatz hat, und mir scheint es eben sinnvoller, also, lieber eins ... also ganz ... also mit 25 Euro, anstatt 2 Kinder ... halb ...

EVA Halb.

ECKHARD Vielleicht ist es aber doch besser ... anstatt dass eins dann eine Ausbildung hat und das andere dafür ... verhungert, also, dass beide wenigstens ... leben ... *Pause. Eckhard füllt ein neues Formular aus.* Also beide. 12,50 Euro ... dasselbe für Lucile ...

EVA Warte mal.

ECKHARD Ja?

EVA Schau mal. *Sie zeigt ein Foto.* Wanabee. Sie ist 14. Mit 12 wurde sie von ihren Eltern verkauft und war 2 Jahre lang Prostituierte.

ECKHARD O Gott. Mit 12.

Pause.

EVA Vielleicht kannst du zwei Mädchen nehmen?

ECKHARD Nein.

EVA Warum nicht?

ECKHARD Weil ich nicht will. Und das wär ja auch wieder ungerecht, wenn ich jetzt zwei Mädchen ... da kann ja der Paolo nichts dafür. Mein Gott, Kinderprostitution ... Vielleicht wärs tatsächlich dringlicher, dass dieses Mädchen ... Ich mein, die braucht ja sicherlich eine Therapie. *Pause.* Also gut, zum letzten Mal. *Er nimmt ein neues Formular.* Wanabee.

EVA Statt wem?

ECKHARD Ja, also wenn schon, dann anstatt beider, also dann nur Wanabee mit der Komplettversorgung, weil sonst macht das ja keinen Sinn. Dann muss man sagen, Kinderprostitution ist das Furchtbarste, ist einfach das Schrecklichste und … dann eben nur Wanabee und fertig. *Pause. Eckhart füllt aus.* Wie alt ist sie jetzt?

EVA 14. *Pause.* Was ist?

ECKHARD Ich, ich überleg nur, weil …

EVA Ja?

ECKHARD 14 ist schon ganz schön alt.

EVA Was hast du gesagt?

ECKHARD Na ja, man muss sich ja schon überlegen, also … man muss sich ja auch fragen … wo das Geld am meisten bringt. Und … dieses Mädchen ist jetzt 14, und ihr wurden so fürchterliche Dinge angetan, ich … kann mir vorstellen … ein Mensch, dem so etwas passiert ist … der ist wahrscheinlich so … kaputt, also … so traumatisiert, dass man da einfach … nichts mehr machen kann, und die Frage ist eben … wie viel das dann noch bringt und ob man dann nicht besser … sein Geld dahin tut, wo überhaupt noch … die … die Möglichkeit auf Glück besteht.

Pause.

EVA Aber vielleicht ist Wanabee auch jemand, die so einen … Vitalfunken in sich hat, etwas, das sich trotz alledem geweigert hat kaputtzugehn und sich nicht unterkriegen lässt, vielleicht könnte sie mit den 25 Euro, also mit der Komplettversorgung, und in geordneten Verhältnissen wieder aufleben und doch noch glücklich werden.

ECKHARD Man weiß es nicht.

EVA Man weiß es nicht.

Pause.

ECKHARD Ich überlegs mir noch mal. Ich muss mir das mal ganz in Ruhe durch den Kopf gehen lassen.

8 Mal ganz kurz ausschütteln?

EVA Mal ganz kurz ausschütteln?

Alle gucken.

EVA Nur mal so ganz kurz?

CHRISTINE Nicht schon wieder Pause.

EVA Nein, nicht Pause, nur mal grad so – Brrrrrrrrrrrr … *Pause.* Nicht?

CHRISTINE Du, wenn du das brauchst, dann mach das doch.

EVA Wenn ich das brauch, das hat schon wieder son Unterton.

CHRISTINE Quatsch. Jetzt schüttel dich.

EVA Nee, so brauch ich das dann auch nicht, nee dann … nicht.

RAINER Eine Frage, wenn wir Pause machen, dann würd ich eben – *Er meint sein Handy.*

CHRISTINE Wir machen keine Pause.

LEO Wir schütteln uns.

EVA Nee, so nicht, wir können weitermachen.

LEO *zu Rainer* Komm, wir schütteln uns.

Leo und Rainer schütteln sich und machen »Brrrrrrrrrrrrr«; aus dem Geräusch entsteht ein Spiel, ein leichter, spontaner Moment, an dem sich nach und nach alle beteiligen. Autorennen, durchdrehende Kaffeemaschinen, Hunde usw. Am Ende steigt sogar Eckhard mit ins Spiel ein.

ECKHARD *mit Hengstgebaren zu Christine* Brrrrrrrrrrr!

CHRISTINE *zu Eckhard* Oh, ich glaube, Du kriegst da einen Herpes, kann das sein?

Der Hengst ist tot, alle gehen wieder auf ihre Plätze.

9 Solidarität

EVA Was kommt jetzt?

CHRISTINE Solidarität.

EVA Ich dachte, das kommt später.

CHRISTINE Ich find, das passt ganz gut an diese Stelle. Ich hab mir dazu ein paar Worte aufgeschrieben.

Man sieht anhand der handgeschriebenen Papiermenge, dass das eine lange Rede wird.

EVA Ich dachte, wir wollten da gemeinsam –

CHRISTINE *fängt einfach an.* Meine Damen und Herren, wer über Solidarität spricht und sie ernst nimmt als ein Prinzip gleichberechtigter Gemeinschaft und gegenseitiger Verantwortung muss beim Thema Afrika ins Stottern geraten. Eine Helfer-Opfer-Konstellation ist nicht partnerschaftlich; gegenseitige Verantwortung – wer würde im Ernst von Afrika Verantwortung für Europa erwarten, und wäre echte Partnerschaft überhaupt in unserem Interesse? Denn ein –

EVA Entschuldige, dass ich dich –

CHRISTINE *zu Eva* Pscht!!! *Wieder zum Publikum* Denn ein Partner auf Augenhöhe nimmt sich auch heraus, Forderungen zu stellen und –

EVA Also, ich finds einfach nicht in Ordnung.

LEO Ja, ich finds auch merkwürdig.

CHRISTINE Ich auch! Ich setze mich ein ganzes Wochenende hin und schreibe das, und nach zwei Sätzen wird mir derart über den Mund gefahren! Ich muss sagen, das sind Vorgänge, die ich so nicht kenne. Ich muss doch hier nicht bittebitte machen, nur damit ich auch mal darf!

ECKHARD Nein, natürlich nicht.

EVA Ich dachte, dass wir zum Thema Solidarität etwas gemeinsam machen, aber scheinbar macht da jetzt jeder seine eigene Nummer! Gut, dann mach ich das aber noch mit dem

Akkordeon, da könnt ihr aber Gift drauf nehmen, denn wenn das so ist –

RAINER Ja, und ich mach dann noch –

CHRISTINE Ja, eben nicht. Ihr macht eben nicht! Ihr diskutiert doch immer nur! Über jeden kleinen Pipifax wird hier diskutiert, eine ständige Diskutiererei!

EVA Diese Diskutiererei heißt Kommunikation, und unter anderem dient sie auch dazu, dass das doch noch ein gemeinsamer Abend wird! Aber wenn das so ist, dass sowieso jeder nur für sich guckt, dann brauchen wir sie nicht, die Kommunikation! Und Solidarität erst recht nicht! Und meine Palme war auch Scheiße! Und alles reißt du an dich!

Pause. Christine packt schweigend ihre Textblätter zusammen.

ECKHARD Vielleicht könntest du –

CHRISTINE Nein, kann ich nicht! Mir! unsolidarisches Verhalten vorzuwerfen, das muss ich mir nicht sagen lassen! Und dass man sich einen Text noch nicht einmal anhört, bevor man darüber herfällt, das ist einfach bodenlos, und Entschuldigung, das ist wirklich ein guter Text!

ECKHARD Ja, das stimmt.

Alle gucken.

Ich hab zufällig … also, der lag da ja so offen, und da hab ich eben so ganz flüchtig … jedenfalls ist der wirklich gut. Ich glaube, er hat sogar einen Preis bekommen … also das Buch.

EVA Ach, der ist gar nicht von dir?

CHRISTINE Ist doch wurscht.

EVA Mir ist es nicht wurscht, ob wir hier eigene Überzeugungen vertreten oder die Gedanken von anderen Leuten nachplappern.

Christine packt ihre Sachen in die Tasche.

EVA Also, plappern ist nicht richtig ausgedrückt, das stimmt natürlich nicht, du plapperst natürlich nicht, du … du machst es ja ganz toll …

ECKHARD Was wir meinen, ist ja nur, weil das Thema –

CHRISTINE Das weiß ich, was ihr meint. Ihr meint, Solidarität heißt, dass man sich im Kreis aufstellt und Händchen hält. Aber das ist nicht mein Niveau.

LEO Ich hätte da einen Vorschlag. Wie wärs –

CHRISTINE Ich möchte mich hiermit aus diesem Projekt verabschieden.

Pause.

EVA *zu Christine* Es tut mir leid. Entschuldigung.

CHRISTINE Mir tut es auch leid, weil dieser Abend für mich ein echtes Anliegen war. Aber das, was ich dazu beizutragen habe, ist eben nicht das, was ihr brauchen könnt.

LEO Ja, jetzt mach bitte keinen Scheiß, du weißt, wir brauchen dich.

ECKHARD Man kann Konflikte doch besprechen.

CHRISTINE Ich bin eben jemand, der das, was er tut, sehr ernst nimmt. Vielleicht ist das ein Fehler.

LEO Das ist kein Fehler, das ist großartig.

RAINER Das ist großartig

EVA Ohne dich können wir auch einpacken.

CHRISTINE *seufzt.* Ihr macht es mir nicht leicht.

LEO Wenn du aussteigst, dann fehlt doch das Allerwesentlichste –

Christine guckt.

Ne Sexbombe.

Leos charmanter Frontalangriff hat funktioniert. Christine legt sich wieder ihren Text zurecht, die anderen bereiten sich auf eine lange Rede vor.

CHRISTINE Meine Damen und Herren, wer Solidarität ernst nimmt als ein Prinzip gleichberechtigter Gemeinschaft – *zu den anderen* Also, meinetwegen können wir auch springen, ihr könnt den Text dann einfach in der Pause lesen.

LEO Hmmm.

ECKHARD Ja, wir haben noch so viel anderes, was noch nicht geklärt ist.

RAINER Allerdings.

CHRISTINE Gut, dann mach ich noch das Ende. *Wieder zum Publikum* Solidarität weist Stärke und Schwäche nicht einem Oben und Unten zu, Solidarität denkt nicht in Freund-Feind-Logik, ist kein Konzept von Almosen und Privileg. Solidarität schützt Schwäche, nicht Lethargie, ist Verbundenheit, nicht Kumpanei, fordert Aktivität von allen. Solidarität ist ein Prinzip von Dialog, Bewegung, Widerspruch, und nicht zuletzt ist Solidarität ein Prinzip der Ermutigung. Es ist die Ermutigung, eine Welt zu kreieren, die jeden Menschen bei seiner Geburt willkommen heißt. *Pause. Christine zu den andern* Ich könnte mir vorstellen, dass die Leute an dieser Stelle applaudieren und … ich frage mich gerade, ob das vielleicht ein schönes Bild wäre, wenn da so eine spontane Umarmung stattfinden würde.

Pause.

RAINER Wie meinst du das?

CHRISTINE Ja, also eben … dass jemand von euch … zu mir käme und mich spontan umarmen würde, so … von Mensch zu Mensch.

Pause.

RAINER Hmmm.

Pause.

CHRISTINE Also, das war nur so eine Idee, das fiel mir grad so ein.

Pause.

LEO Das äh … ja … ist doch gut. *Pause.* Ja. Dann … mach ich das. Oder *zu Rainer* wenn du das machst, wär natürlich auch schön, das wär vielleicht noch … überraschender.

RAINER Hmmm.

Deutliche Blicke von den anderen Richtung Rainer.

RAINER Ja, äh, gut.

CHRISTINE *sehr verletzt* Also wenn das so schwierig ist, dann lassen wir das weg.

RAINER Nein … äh … ja …

Er umarmt sie hölzern und setzt sich wieder. Christine ist für einen Moment sehr allein. Dann strahlt sie wieder professionell.

LEO Als Nächstes haben wir die Spendenaufrufe.

10 Jeder Mensch ist gleich viel wert

CHRISTINE *zum Publikum* Meine Damen und Herren, diese Schule ist ein gutes Projekt und verdient Ihr Vertrauen. Einige von Ihnen kennen mich vielleicht. Ich gebe Ihnen persönlich mein Wort, dass Ihr Geld da ankommt, wo es wirklich gebraucht wird. Dankeschön.

EVA Für den Spendenaufruf sollte sich ja jeder etwas Persönliches ausdenken. Ich hab manches blau unterstrichen, ich fänds schön, wenn das alle machen würden.

Bis auf Eckhard, der seine blau unterstrichenen Einwürfe volle Kraft macht, wird sie von ihren Kollegen nur sehr halbherzig unterstützt.

EVA Das ist eine Hungerkatastrophe!

ALLE Hunger.

EVA Das ist empörend!

ALLE Wut.

EVA Wann hören wir das Schreien?

ALLE Mensch.

EVA Wir, das ist kein andrer!

ALLE Ich.

EVA Bin taub gewesen.

ECKHARD Ich!

EVA Hab immer weggesehn.

RAINER/CHRISTINE Ich.

ALLE Hab nichts verändert.

EVA Ungerechtigkeit, warum? Hungertod, wie lange noch! Verändern, helfen, wann?

Zweite Strophe.

EVA Das ist ein Spendenaufruf!

ALLE Auf! –

EVA – Ruf! Endlich nicht mehr wegsehn!

ALLE Hin! –

EVA – Sehn! Es liegt an mir, ich kann es ändern!

ALLE Ich.

EVA Kann etwas ändern.

ECKHARD Ich.

EVA Persönlich.

RAINER/CHRISTINE Wir.

ALLE Können diese Welt verändern.

EVA Gerechtigkeit, bedingungslos! Hoffnung, Liebe, jetzt!

ALLE Das ist ein Spendenaufruf!

Allgemeine Verlegenheit.

EVA Also, das könnte von euch noch emotionaler sein. Zum Beispiel, ich sag Spendenaufruf und dieses »Auf! Ruf!« – Ja, ihr wisst schon, was ich meine, Gänsehaut.

RAINER Hmmm.

ECKHARD *macht weiter, zum Publikum* Und er antwortete und sprach zu ihnen so: Wer zwei Röcke hat, der gebe dem, der keinen hat; und wer Speise hat, tue dieses also auch. Dieser Satz aus dem Neuen Testament ist eindeutig. Das Einzige, was diesem Satz noch hinzuzufügen wäre, ist: Und wer einen ganzen Schrank voll Kleidung hat und ein Auto und ein Haus und eine Stereoanlage und einen Computer und eine Ledercouch und eine Sammlung japanischer Teetassen und eine Krankenversicherung und eine Rentenversicherung und eine Haustierversicherung und einen Kühlschrank mit fettreduzierter Bio-Gänseleberpastete – der tue dieses umso mehr. Nächstenliebe ist keine schwärmerische Erlösungsfantasie, sondern ist konkret, alltäglich und meint hier und jetzt.

Noch mehr Schweigen. Noch mehr Unwohlsein.

RAINER *zum Publikum* Mit zehn Euro kann man einen Cocktail trinken oder ein Menschenleben retten. Meistens entscheiden wir uns für den Cocktail. Warum sollten wir uns heute anders entscheiden? Wenn wir heute entscheiden, dass ein Menschenleben mehr wert ist als ein Cocktail, wird es natürlich schwierig, zu begründen, warum morgen doch wieder ein Cocktail mehr wert ist. Sinn machen würde das Ganze nur, wenn man sagt, gut, ab jetzt ist ein Menschenleben grundsätzlich mehr wert als ein Cocktail, aber das ist ja natürlich Quatsch. So. Die Frage ist, warum sollte man ausgerechnet heute seinen Cocktail in die Spendenkasse kippen, warum ausgerechnet heute eine Ausnahme machen und warum ausgerechnet für dieses Projekt? *Pause.* Ja … weiter bin ich noch nicht.

Pause. Alle gucken.

RAINER Ich dachte eben, dass man das … vielleicht andersrum aufziehn könnte. Das ist so eine … rhetorische Figur … Also erst mal mit der Antithese anfangen … und dann äh zu der … Dings … also warum man eben spenden sollte.

EVA Ja und?

RAINER Ja, da … ist mir eben noch nichts Pfiffiges zu eingefallen.

EVA Na toll, wir haben gesagt, jeder überlegt sich einen persönlichen Spendenaufruf, und du stellst dich hin und sagst, du weißt selber nicht, warum.

RAINER Ich, äh, nehme mir heraus, hier auch mal eine provokante Frage, äh, zu formulieren.

EVA Aber wenn du da drauf selber keine Antwort hast, kann ich nur sagen, ganz schön traurig.

RAINER Ich dachte, vielleicht findet man da was, das ... also, ein echtes Argument.

EVA Jeder Mensch ist gleich viel wert, das ist das Argument! Und ich weiß nicht, warum du da eine rhetorische Figur zu brauchst, um dich hinzustelln und das einfach so zu sagen.

RAINER Natürlich kann ich das so sagen.

EVA Aber?

RAINER Es stimmt halt einfach nicht.

Schockierte Pause.

RAINER Jeder Cocktail, den man –

EVA Gibt es in deiner Welt noch irgendetwas anderes als Cocktails?

RAINER Ja! Allerdings. Sogar Menschen, stell dir vor. Und mit meinem Freund Andy verbringe ich mehr Zeit als mit meinem guten Bekannten Markus, weil mir der Andy eben mehr bedeutet. So. Und wenn der Andy umzieht, helf ich ihm beim Kistenschleppen und dem Markus eben nicht, weil er mir eben nicht so viel bedeutet, das sind klare Wertigkeiten, die macht jeder, und für niemanden sind alle Menschen gleich viel wert, so ist das eben mal auf dieser Welt.

CHRISTINE Vielleicht ist das »Ich-helf-dem-Andy-beim-Kistenschleppen-Problem« nicht das richtige Beispiel für einen größeren gesellschaftlichen Kontext.

RAINER Warum wird ein Arzt besser bezahlt als ein Bäcker? Weil ein Arzt für die Gesellschaft mehr wert ist als ein Bäcker.

LEO Na ja, also so stimmt das ja auch nicht.

EVA Ja, denn die Arbeit eines Bäckers –

LEO Die Arbeit ist vielleicht mehr wert, aber doch nicht der Mensch.

EVA Genau.

RAINER Das kann man doch nicht trennen.

LEO Doch, natürlich.

RAINER Eben nicht.

LEO Natürlich kann ich das gedanklich trennen.

RAINER Ja, gedanklich, klar, gedanklich kann man alles. Klar, du kriegst weniger Geld als andre, klar, du hast ne kleinere Wohnung, klar, du kannst leider nicht vom Chefarzt behandelt werden, aber du, gedanklich bist du so viel wert wie jeder andre!

CHRISTINE Nicht nur gedanklich, auch vor dem Gesetz.

EVA Ja. Ein Mord an einem Obdachlosen wird genauso hart bestraft wie an einem Unternehmer.

RAINER Na, na ...

LEO Aber du willst doch nicht abstreiten, dass du in einer Gesellschaft lebst, in der jedes Leben gleich viel wert ist.

RAINER Ja, gut, vielleicht jedes Leben, gut, meinetwegen, aber das ist natürlich so abstrakt –

LEO Was ist denn da abstrakt?

RAINER Ein Menschenleben ohne den dazugehörigen Menschen gibts halt einfach nicht. Und der definiert sich durch das, was er tut, das macht ihn aus, das bestimmt seinen Wert für andre und für die Gesellschaft, und –

LEO Eben nicht!

RAINER Doch, natürlich.

LEO Nein, das, was einer tut, ist eben nur das, was er tut, und nicht der ganze Mensch.

RAINER So. Wenn jemand was verbrochen hat, kommt er in den Knast, und zwar der ganze Mensch, nicht nur seine Tat.

LEO Aber trotzdem kann ich doch –

RAINER Ja! Gedanklich. Aber nicht in echt. Und ich wüsste auch nicht, warum ein Kinderschänder so viel wert sein sollte wie derjenige, der das Aspirin erfunden hat. Und wenn ein junger Mensch so viel wert ist wie ein alter, warum will dann jeder jung sein? Wenn ein Versager so viel wert ist wie jemand, der erfolgreich ist, warum hat der Versager auf einmal keine Freunde mehr? Und warum kriegen schlanke Menschen leichter einen Job als fette Menschen? Angeblich sind doch alle gleich viel wert. Und wenn wir wirklich finden würden, dass arme schwarze Kinder mehr wert sind als ein Cocktail, dann würden wir ab jetzt unsre Cocktail-Euros diesen armen Kindern geben. Das tun wir aber nicht. Maximal machen wir mal eine Ausnahme. Das sind die Tatsachen.

EVA Ja, aber deswegen machen wir den Abend doch!

RAINER Und ich finds einfach schwierig, mich da hinzustellen und zu verkünden, mit zehn Euro retten Sie die Welt, und jedem ein schlechtes Gewissen zu machen, der da nicht mit dabei sein will.

CHRISTINE Wieso das denn? Natürlich machen wir denen ein schlechtes Gewissen. Bis die sich unterm Sitz verkriechen, aber hallo!

RAINER Und genau das eben nicht.

EVA Also, es geht um diese Schule –

RAINER Mit der ich erst mal nichts zu tun hab und die Leute auch nicht.

EVA Ach, so siehst du das.

RAINER Ja, so seh ich das. Und ich finde, es muss möglich sein, dass man hier auch mal ganz kritisch fragt, warum wir diese Schule –

EVA Ich weiß es! Ich weiß, warum ich diese Schule sinnvoll finde! Und hier gehts drum, wie etwas aufgebaut wird, und nicht, wie man es kaputtmacht! Kaputtmachen ist so leicht! Und dann kommst du dir noch so irrsinnig intellektuell vor mit deiner Scheiß-Kalenderspruch-Polemik! Anstatt deine blöde rhetorische Figur dazu zu verwenden, die Leute von dem Projekt zu überzeugen!

RAINER *zum Publikum* Ja, meine Damen und Herren, piep piep piep, wir ham uns alle lieb, heute Abend menschelt es, vor uns steht eine große Waschmaschine, da tut jetzt jeder sein schlechtes Gewissen rein, zehn Euro in den Hauptwaschgang, wer mag, macht noch für zwei Euro Weichspüler mit dazu, dann riechts auch besser, weiße Weste, blütenrein, Erbarmen mit den Armen – Entschuldigung, ich muss mal ganz kurz raus hier …

Er geht raus. Pause.

CHRISTINE Was war das?

LEO Keine Ahnung.

Pause.

CHRISTINE Vielleicht sollte jemand –

EVA Ich bestimmt nicht. *Eva isst ein Käsebrötchen. Weil aber keine offizielle Pause angesagt wurde, macht sie es sehr verdruckst und so halb heimlich. Man sieht, dass in der Tüte noch ein anderes Käsebrötchen ist.*

LEO Und das andre legst du ihm auf den Klemmblock.

Sie müssen ein ganz klein bisschen kichern. Pause.

Ja, gut, dann fang ich ihn mal wieder ein.

Er steht auf. Auf halbem Weg kommt ihm Rainer entgegen. Sie setzen sich.

RAINER Tschuldigung. Das ist mir so … rausgerutscht.

Pause.

ECKHARD Möchtest du dazu was sagen?

RAINER Nein. *Pause.* Ich finds halt … ich, äh, finde, wie sich dieser Abend so entwickelt, so eine … gutmenschliche Betroffenheitsveranstaltung, und jeder gibt n Euro … Also ich äh, aber gut, wenn euch das nicht so geht, gut, egal.

EVA Und das mit der Waschmaschine, meinst du das ernst?

RAINER Also, so war das schon überspitzt ausgedrückt, aber irgendwas ist dran.

EVA Und warum machst du dann überhaupt mit?

RAINER Also, mir war ehrlich gesagt nicht so klar, dass das wirklich um diese Schule geht. Ich dachte zuerst, Guinea-Bissau, das wäre so ein … Fantasiename, aber dass wir jetzt da im Ernst Leute um Geld anbetteln, das war mir … irgendwie war mir das nicht so klar.

EVA Ich hab doch gesagt, das ist ein Benefiz.

RAINER Ja, aber ich dachte eher so allgemein thematisch und auch eher … musikalisch, aber dass das so … ja … so, äh, also ich finds einfach schwierig. Aber gut, das ist dann eben mein Problem.

EVA Und was findest du so schwierig?

RAINER Ja, im Prinzip … alles. Also, ich mein, das ganze Setting, Schule für die armen schwarzen Kinder, das ist ja schon an sich so ne Steilvorlage …

EVA Was ist das?

RAINER Na ja, so ein … barmherziges Klischee.

EVA Das sind echte lebendige Kinder, um die es geht.

RAINER Ja, trotzdem ist es ein Klischee, da können die auch nichts dafür, aber trotzdem. Das ist so, wie wenn ich sag, meine Freundin ist eine blonde Friseuse, da lacht auch erst mal jeder drüber …

Alle gucken.

Obwohl sie nichts dafür kann. Und mit den schwarzen Kindern in Afrika ist es eben auch so, nur umgekehrt.

ECKHARD *zeigt ihm das Bild von Paolo.* Hier, das ist Paolo.

RAINER Jaaaa! Und er schläft auf Pappe, ich weiß es! Ich bin mit Paolo aufgewachsen und überhaupt mit allen armen Kindern dieser Welt: »Iss die Kartoffeln auf, andre Kinder wärn froh, wenn sie was zu essen hätten«, »Mach die Hose nicht schon wieder schmutzig, in Afrika wärn sie froh, wenn sie eine Hose hätten«, »Nein, jetzt gibts kein Eis, andre Kinder lecken Steine ab, weil sie so viel Hunger haben, und du willst schon wieder Eis!«.

ECKHARD Ich versteh nicht, was das –

RAINER Und zum Geburtstag hab ich natürlich nicht die Enterprise-Figuren bekommen, die ich mir so sehr gewünscht hab, sondern selbstgemachte Tierfiguren aus dem Dritte-Welt-Laden. »Schau mal, ist das nicht toll, eine Maiskolben-Giraffe!« Ja, toll.

CHRISTINE Also, wenn jetzt hier jeder seine gestörte Kindheit auspackt, dann wirds aber richtig lang.

RAINER Was ich einfach sagen will –

ECKHARD Du willst überhaupt nichts sagen, du willst dich einfach wichtigmachen.

RAINER Jetzt mach mich hier nicht an!

ECKHARD Dieses destruktive Geschwätz interessiert mich überhaupt nicht!

RAINER Ja gut, dann nicht.

ECKHARD Das hör ich mir nicht länger an. Da wird im Ernst über den Wert von Menschen diskutiert! Und dann tust du hier noch so, als ob das weiß Gott was für ein Trauma wär, dass du keine Raumschiff-Enterprise-Figuren zum Geburtstag gekriegt hast. *Er zeigt das Bild von Paolo.* Das ist ein Trauma! Das ist entsetzlich, und da drüber sprechen wir!

RAINER Entschuldigung für diese persönliche Bemerkung, kommt nicht wieder vor.

EVA Ja, aber wenn du das alles hier so schwierig findest, dann solltest du dir wirklich überlegen, ob du nicht besser aussteigst.

RAINER Werd ich jetzt hier rausgeschmissen?

EVA Das hab ich nicht gesagt, aber ich finde halt –

RAINER Doch, das hast du schon gesagt.

EVA Ich finde, wer hier mitmacht, der sollte einfach –

RAINER Ja, so läuft das. Sobald man einmal etwas hinterfragt – und tschüss!

EVA Hör mal, wenn dir kein einziges Argument einfällt, warum die Leute –

RAINER Also gut, das wars, ich bin draußen, gut ... okay. *Er packt seine Sachen ein.*

LEO Jetzt Moment mal, ihr ... ihr ... ihr spinnt doch wohl.

RAINER Ich muss mich hier nicht beschimpfen lassen, nur weil ich –

EVA Das Einzige, was ich gesagt habe, ist –

RAINER Ja, entweder gehörst du zu unsrer Waltonsfamilie, oder du fliegst raus.

LEO Ich würd sagen, wir machen eine kurze Pause und –

RAINER Für mich ist hiermit Feierabend.

EVA Wenn du jetzt gehst, find ich das ganz, ganz scheiße!!

RAINER Aber du hast doch grad gesagt –

EVA Wenn du bei dem kleinsten bisschen Kritik schon eingeschnappt bist!

LEO Jetzt hört ihr mal mit diesem Quatsch hier auf. Punkt eins: *zu Rainer* Natürlich kannst du hier nicht einfach raus.

RAINER Ach und warum?

LEO Hast du selbst gesagt: Wir sind die Waltons, und wir finden dich. Wir stehn nachts unter deinem Fenster und singen so lange Kumbaya, bis du zusammenbrichst. Also stell die Tasche wieder hin. So. Punkt zwei: Das ist hier kein totalitäres Drill-Camp, wo man den Fahneneid auf die gemeinsame Weltrettungsüberzeugung schwören muss, und Punkt drei –

EVA Ich dachte einfach, wir machen hier etwas, von dem alle überzeugt sind.

LEO Wer hier wie, warum, von was auch immer überzeugt ist, das ist doch nicht das Thema.

EVA Komisch, ich dachte, genau das wär das Thema.

LEO Nein, sondern es geht doch darum –

EVA Also, du bist von dem Ganzen auch nicht überzeugt?

LEO Von dem Ganzen, von dem Ganzen, das ist schon wieder so –

EVA Ich meine diese Schule.

LEO Ja, mein Gott, diese Schule, ja natürlich find ich, … dass das ne gute Sache ist, aber ich mach hier doch nicht mit, weil ich mich berufen fühle, an der Weltrettung teilzunehmen.

EVA Sondern?

LEO Weils mir Spaß macht.

EVA Ach so, weils Spaß macht. Das ist natürlich auch eine Motivation: »Hey, wir machen etwas über Hunger, hey, das macht wirklich Superspaß!«

LEO Ich glaub, du nimmst jetzt mal ne kalte Dusche.

RAINER Ja, das find ich auch.

EVA Weils Spaß macht!

LEO Du, ich kann dir versichern, es macht mir jedes Mal weniger Spaß, und Punkt drei: Ich find hier auch einiges schwierig.

EVA Meins natürlich, brauchst es gar nicht sagen, weiß ich eh schon.

LEO Ja, unter anderm auch dein … Spenden-Aufruf-Dings.

EVA Hätt ich mir schon denken können.

CHRISTINE Also, ich wollte da jetzt nichts zu sagen, sonst heißt es wieder, ich mach hier alle platt, aber wenns schon mal angesprochen wird, sei mir nicht böse, aber das ist das Grauen.

EVA Aha.

CHRISTINE Ja. Allein schon, wie du Hungerkatastrophe sagst, ganz fürchterlich.

EVA Reden wir jetzt über Betonungen?

CHRISTINE Wir reden über Inhalte und wie man sie präsentiert.

EVA Das ist eine Hungerkatastrophe. Was ist denn daran bitte falsch?

CHRISTINE Die Betonung. Du sagst es mit so einer tantenhaften Betulichkeit: *Äfft sie nach.* Huuungerkatastrooophe.

EVA Hungerkatastrophe. Hungerkatastrophe. Hungerkatastrophe! Hungerkatastrophe! Hungerkatastrophe!!

CHRISTINE Das Vorletzte fand ich gar nicht schlecht.

EVA Ja. Hauptsache, die Betonung stimmt. Ganz egal, was wir hier sagen und warum, Hauptsache professionell. Wenn das der einzige Maßstab ist, der übrigbleibt, das haben die früher auch gesagt: Also, wenn wir schon Gaskammern baun, dann aber richtig gute, dann aber ganz professionell!

Allgemeines Entsetzen.

EVA Entschuldigung, das tut mir leid. Das … das … das war jetzt richtig blöd.

LEO Ja.

EVA Ich wollt damit nicht sagen, dass … Ich wollte nur … Noch mal an alle: ich habs nicht so gemeint, Entschuldigung. *Pause.* Hiermit entschuldige ich mich –

CHRISTINE Ja, is gut jetzt.

LEO Also. Ich glaube, uns ist allen klar, dass dieser Abend leicht in so eine Barmherzigkeitsgeschichte rutschen kann, und ich glaube, wir sind uns einig, dass das niemand will.

RAINER Hmm.

ECKHARD Ich finde, hier sollte jeder für sich selber reden, und ich weiß nicht, was an Barmherzigkeit so schlimm sein soll.

LEO Ja. Damit kommen wir zu diesem Bibeldings …

ECKHARD Das Bibeldings ist eine zentrale Aussage christlichen Denkens.

LEO Ja, trotzdem. Also wenn wir uns hier als Bibelfuzzis verkaufen –

ECKHARD Zufällig bin ich so ein Bibelfuzzi.

LEO Ja, das nimmt dir ja auch keiner weg, aber ich find, für den Abend geht das gar nicht.

RAINER Find ich auch.

LEO Nimm wenigstens das mit der Nächstenliebe raus.

ECKHARD Jetzt langts mir. Jetzt langts mir aber wirklich.

RAINER Es muss doch möglich sein, dass man da ganz sachlich –

ECKHARD Nein, nicht sachlich, ganz im Gegenteil!

CHRISTINE Jetzt setz dich wieder hin.

ECKHARD Dass das Wort Nächstenliebe –

LEO Das geht gar nicht.

EVA Wenn ich dazu was sagen darf –

CHRISTINE Je nachdem, wie man das macht.

EVA Wenn ich dazu was sagen darf –

LEO Je mehr wir dieses Emotionsgedingsel –

ECKHARD Die Emotion heißt Mitgefühl.

EVA Ich möchte gerne Folgendes –

ECKHARD Das ist ein starkes, lebendiges Gefühl!

EVA Kann ich grade –

CHRISTINE Nicht immer so klein klein, provokanter irgendwie …

EVA Hier muss man einfach schreien.

LEO Ich würd sagen –

EVA Und dann heißt es wieder, nimm doch mal ne kalte Dusche.

ECKHARD Das gehört ins Zentrum dieses Abends!

LEO Wir können uns nicht einfach hinstellen und sagen: Ogottogott, die armen Kinder sterben.

ECKHARD Und warum nicht?

LEO Weil es peinlich ist.

RAINER Superpeinlich.

ECKHARD Ich weiß nicht, warum man denn nicht einfach –

CHRISTINE Ja, dann mach doch!

RAINER Genau, dann machs doch einfach.

CHRISTINE Aber stattdessen wird wieder diskutiert und diskutiert und diskutiert!

Eckhard explodiert.

11 Schämen Sie sich!

ECKHARD Scheiße, kotzen, ficken, Fotze! Alles darf man sagen! Vulgär, obszön, geht alles! Aber wehe, man sagt Güte, Nächstenliebe, Mitgefühl, das geht gar nicht! Und um Gottes willen, bloß nicht so eine Barmherzigkeitsgeschichte! Die wenigsten wissen überhaupt, was das Wort bedeutet! Da wird ein solcher Eiertanz gemacht, damit um Gottes willen kein moralischer Verdacht aufkommt! Und auf jeden Fall Betroffenheit vermeiden, das wäre ja das Allerschlimmste, dass sich irgendjemand hier betroffen fühlt! Wir ignorieren täglich den vermeidbaren Tod von Abertausenden, ja natürlich ist es peinlich, wenn man da dran erinnert wird! Es ist nicht nur peinlich, es ist eine Schande, die zum Himmel schreit! Und ja!, ein Menschenleben ist oft genug weniger wert als ein Cocktail, als ein Paar Schuhe, als eine Kinokarte, als ein Lippenstift, und nein!, nicht die Ausnahme davon braucht Argumente, sondern die gedankenlose Normalität alltäglicher Ignoranz! Wenn bei uns ein Kind verhungert, werden nicht nur die Eltern vor Gericht gestellt, sondern auch die Angehörigen, die Lehrer, das Jugendamt, jeder aus dem Umfeld, der das möglicherweise wusste und nicht verhindert hat. Wenn ein afrikanisches Kind verhungert, definieren wir Hilfeleistung als Hobby, als kleines sinnstiftendes Nebenengagement. Das ist schon pervers genug. Aber wer dann noch eine Begründung braucht, warum man heute Abend ausnahmsweise diese Hilfe leisten sollte, wer wirklich eine Begründung braucht, warum ein Menschenleben mehr wert ist als ein Cocktail, dem ist wirklich nicht zu helfen und dem ist nur zu wünschen, dass er einmal in seinem Leben Hunger hat, wirklich Hunger hat!! Die allermeisten hier im Saal haben mindestens 1000 Euro, die sie nicht wirklich brauchen, und ich glaube keinem, der etwas andres sagt.

Ich meine wirklich brauchen! Und selbst der Allerärmste hier hat mindestens noch 100 Euro, die er geben könnte, ohne in echte Bedrängnis zu geraten, und einige könnten 10 000 Euro überweisen, ohne das in ihrem Lebensstandard überhaupt zu spüren! Und natürlich sprechen wir nicht über 10 000 Euro oder 1000 sondern über 10, 20 oder 50 Euro, Beträge, die man regelmäßig für irgendeinen Blödsinn ausgibt, ohne auch nur eine Sekunde drüber nachzudenken! Aber wenns drum geht, zehn Euro in eine Spendenbox zu stecken, ist das auf einmal irrsinnig viel Geld, und das Naheliegendste ist sowieso, dass man übers Ohr gehauen wird! »Ja, man hört ja immer wieder ...« – Ja!, man hört es immer wieder und man wills auch hören, dass das doch alles sowieso nicht seriös ist, sind doch eh alles Betrüger, fertig aus, braucht man sich nicht mehr drum zu kümmern! Wer sich ein bisschen Mühe gibt, der findet ziemlich schnell raus, welches Projekt seriös ist und welches nicht! Aber diese 5! Prozent Wahrscheinlichkeit, abgezockt zu werden, rechtfertigen das so wunderbar, nicht weiter über die andren 95 Prozent nachzudenken, die Gutes stiften. Wirklich Gutes! Dieser diffuse Generalverdacht, der sich aus 5! Prozent Realität speist, ist so ein verlogenes pseudokritisches Argument, um sich an der Spendenbox vorbeizumogeln! Und andersrum: Der Generalverdacht, dass bei einem T-Shirt für 3 Euro irgendetwas irgendwie nicht stimmen kann und dass dieser Preis irgendwie zusammenhängt mit Ausbeutung, Sklaverei und Kinderarbeit – ein Verdacht, der mindestens in 95 Prozent aller Fälle richtig ist –, ja, komisch, da stellt sich die Frage nach der Seriosität auf einmal ziemlich selten! Aber tausend Argumente, zehn Euro nicht zu spenden! Das unangenehme Gefühl, das eine Spendenbox auslöst, ist nicht der Verdacht, dass all die entsetzlichen Geschichten übertrieben und gelogen sind, Misstrauen ist ein sehr einfach gestricktes

Gefühl und gut auszuhalten, wirklich unangenehm ist das Gefühl, dass diese Geschichten wahr sein könnten! Denn wenn man diese Realität auch nur momentweise zulässt, einen Moment lang glaubt und ernst nimmt, dass Menschen wirklich verhungern, wirklich gefoltert werden, wirklich 8-jährige Kinder auf den Strich gehen!, stellen sich natürlich sofort berechtigte Fragen, zum Beispiel ob zehn Euro dann eine adäquate Antwort sind! Der Moment des Handelns konfrontiert uns damit, wie selten wir handeln, wie kleinherzig wir handeln! Und natürlich ist das peinlich! So sehr, dass man sich selber die groteskesten Ausreden abkauft, nur um zu vermeiden, dass irgendetwas unsre schöne heile Welt in Frage stellt!! Aber weil es den meisten damit ähnlich geht, ist Verdrängung allgemeiner Konsens, niemand muss sich rechtfertigen, weder für ein 3-Euro-T-Shirt noch für eine 3000-Euro-teure Handtasche, das ist eben unsre Welt, Afrika ist eine andre, da sind die eben bitterarm, irgendwie sind die das ja auch gewohnt, und letztendlich kann mans sowieso nicht ändern! Natürlich können 10 Euro die Welt verändern! Nein, nicht die ganze, aber die Welt von Paolo eben schon!! Das ist sowieso die größte Ignoranz überhaupt! Das Gute nicht zur Kenntnis zu nehmen und drauf zu vertrauen, dass die Welt schon immer schlecht war, und diese ganze Das-bringt-doch-eh-nichts-Philosophie zu kultivieren! Aber wenn man zur Kenntnis nimmt, dass es Menschen gibt, die sich eben nicht abfinden, die verändern, verbessern, und das womöglich noch erfolgreich, ja natürlich muss man sich dann fragen, ob man selber nicht noch mehr tun könnte. Und die Antwort ist natürlich ja! Natürlich könnte man mehr tun! Und das löst eben wieder dieses peinliche Gefühl aus! Und das Gefühl hat recht!! Es hat so lange recht, bis wir uns endlich für diese Welt verantwortlich fühlen!
Pause.

LEO Willst du das so machen?
ECKHARD Tja … das war jetzt mal so ein … Impuls.
EVA Also, ich fands gut.
Pause.
CHRISTINE Vielleicht ein bisschen lang.
RAINER Hmm.
ECKHARD Ja, das hab ich auch gemerkt. Am Ende ging mir fast die Wut aus.
Pause.
EVA Ich fänds gut, wenn du das genau so machst.
ECKHARD Ich weiß nicht, ob ich … ob ich da der Richtige bin, die Leute so … anzugehn und die so … runterzuputzen.
CHRISTINE Ich könnts machen. *Pause.* War nur ein Vorschlag.
LEO Was kommt jetzt?
EVA Jetzt käme der zwanglos poetische Moment.
RAINER Tja, den haben wir ja noch nicht.

12 Ein einsamer Moment

Statt eines poetisch zwanglosen Moments ein vereinsamter Moment.

13 Eine Schale Reis für alle

CHRISTINE So. Frühstück.
LEO Ach, dazu wollt ich noch was sagen.
Christine guckt Leo entnervt an.
LEO Doch nicht.
CHRISTINE Frühstück.

LEO Erste Tasse Kaffee, zweite Tasse Kaffee

CHRISTINE Grüntee, eine Kanne.

EVA Latte macchiato.

CHRISTINE Zwei Teelöffel Honig, kaltgeschleudert.

ECKHARD Eine Tasse Filterkaffee –

CHRISTINE Frischkornbrei mit frischen Früchten.

ECKHARD Aber ohne Koffein.

LEO Dritte Tasse Kaffee.

CHRISTINE Eine Scheibe Schwarzbrot.

ECKHARD Halbes Brötchen, Butter, Erdbeermarmelade.

CHRISTINE Auf dem Schwarzbrot Magerschinken, bio.

RAINER Zwei Croissants, ganz pur, au beurre.

ECKHARD Halbes Brötchen, Butter, Aprikosenmarmelade.

CHRISTINE Eine halbe Paprika.

ECKHARD Halbes Brötchen, Butter und Orangenmarmelade.

LEO Vier Aspirin, Orangensaft.

RAINER Aber ein Croissant war eben nicht au beurre, das war –

LEO Ein halber Rollmops.

RAINER Mit Nougat war das, ganz, ganz eklich.

CHRISTINE Und so ein bisschen Petersilie.

RAINER Wenn die Croissants nicht richtig sind –

ECKHARD Halbes Brötchen, Butter, Streichwurst.

RAINER Da ist für mich der Tag gelaufen.

CHRISTINE Eine Scheibe Bioknäcke –

ECKHARD Und das Rührei mit zwei Eiern.

CHRISTINE Ohne Ei und ohne Hefe.

ECKHARD Eine mittelgroße Scheibe Speck.

CHRISTINE Ein bisschen Obstsalat.

RAINER *zu Eva* Und du?

EVA Ich bin sehr spät aufgestanden.

ECKHARD Bei dem Rührei waren auch noch zwei Tomaten mit dabei.

EVA Kaffee, Milch und Zucker, eine Schnecke, also Mohn, ein

halbes Sesambrötchen, das war mit Avocadodip, ach und den Rest Kartoffelchips, halbes Brötchen mit Krabbensalat, ein hartgekochtes Ei, ungefähr ein Achtel Ziegenkäse, ein Vanillejoghurt und ein kleiner –

LEO Entschuldigung, was haltet ihr davon, wenn wir ein paar Sachen streichen?

RAINER Find ich gut.

LEO Nicht nur bei dir, ich meine insgesamt.

RAINER Ja, das wird enorm lang.

LEO Und wir sind erst beim Frühstück.

RAINER Irgendwas muss man da doch weglassen können.

CHRISTINE Bei mir nicht. Frühstück ist für mich ganz wichtig.

ECKHARD Auf ein halbes Brötchen könnt ich gut verzichten.

LEO Auf welches?

ECKHARD Das mit Orangenmarmelade.

LEO Gut, das halbe Brötchen, sonst noch was?

EVA Ja, also ich könnt eigentlich das ganze Frühstück streichen, das tät mir sowieso ganz gut.

LEO Bist du sicher?

EVA Ja, das macht mir gar nichts aus.

CHRISTINE Gut, meine halbe Paprika kommt also nach »au beurre«, und wir machens noch mal ab der mittelgroßen Scheibe Speck.

ECKHARD Eine mittelgroße Scheibe Speck.

CHRISTINE Ein bisschen Obstsalat.

EVA Ein Glas Wasser mit einer eingelegten Trockenpflaume.

LEO Das ist alles?

EVA Das ist alles.

LEO Das ist wirklich sehr kurz.

RAINER Zwischendurch hatte ich noch so ein Sandwich.

EVA Und ich noch einen Latte macchiato.

LEO Lass den doch auch weg.

RAINER Stimmt. Das war sowieso ein Flop, auf dem Schaum –

LEO Das Sandwich war mit Leberkäs –

RAINER Das war natürlich kein Kakao –

EVA Ein Viertel Apfelschnitz, sehr gut gekaut.

RAINER Das war einfach Kabapulver! Das muss man sich mal vorstelln! Da tun die –

CHRISTINE Ist doch egal, du lässt ihn sowieso weg.

RAINER Trotzdem hat es mich geärgert.

EVA Ein Viertel Apfelschnitz, sehr gut gekaut.

ECKHARD Ein kleines blaues Halsbonbon.

EVA Ein Viertel Apfelschnitz –

LEO Und eine Menge Ketchup.

EVA Moment mal, darf ich wenigstens noch fertigkauen!

LEO Ja, dann mach.

EVA Ein Viertel Apfelschnitz, sehr gut gekaut.

LEO Und eine ganze Menge Ketchup.

CHRISTINE Ein kleines Stückchen Ingwerschokolade.

LEO Das kannst du doch auch weglassen.

CHRISTINE Ungern.

LEO Aber das wird alles viel zu viel.

CHRISTINE Lass du doch deinen Fleischkäs weg.

LEO Entschuldigung, ich hatte bisher noch gar nichts außer einem halben Rollmops!

CHRISTINE Dieses kleine Stückchen Ingwerschokolade, da kommts jetzt wirklich nicht drauf an. Und das gönn ich mir jetzt ganz in Ruhe, lieber lass ich beim Abendessen etwas weg.

LEO Also weiter, Mittagessen.

RAINER Rehgeschnetzeltes mit Tagliatelle, grünen Bohnen, Birnenkompott und einer –

LEO Viel zu viel, wird viel zu lang.

EVA Sag einfach Rehgeschnetzeltes.

LEO Ja, das reicht doch.

RAINER Rehgeschnetzeltes.

CHRISTINE Karotten-Kürbissuppe.

RAINER Ja, aber nur Rehgeschnetzeltes, so ohne alles, das ist aber –

EVA Ein halber Apfel, gut gekaut.

RAINER Dann nehm ich lieber gleich was anderes –

ECKHARD Ich hatte Kohlroulade.

RAINER Sushi, dann nehm ich einfach Sushi.

LEO Ja, das ist besser, das ist kurz.

CHRISTINE Also noch mal, Mittagessen.

RAINER Sushi.

CHRISTINE Karotten-Kürbissuppe mit ein bisschen Kürbisöl.

LEO Das hast du aber vorher nicht gesagt.

CHRISTINE Weil ich schon wieder unterbrochen wurde.

RAINER Das bisschen Kürbisöl, das musst du doch nicht –

CHRISTINE Das Öl ist wichtig für die Carotine.

RAINER Ich hab mein Rehgeschnetzeltes komplett gekürzt, und du –

ECKHARD Oh, Kartoffelklößchen.

EVA Es geht mir gut, ich fühl mich leicht.

ECKHARD Die ess ich wirklich gerne.

RAINER Ach, das ist ja ärgerlich.

EVA Was denn?

RAINER Statt dem Oshi-Sushi wollte ich Nigiri-Sushi, jetzt hab ich hier ein Maki-Sushi –

LEO Lass es weg.

RAINER Ich denk nicht dran.

EVA Ich spüre, wie ich leichter werde.

RAINER Das lass ich zurückgehn, dann nehm ich lieber etwas andres.

LEO Mann!

RAINER Dann nehm ich Bockwurst mit Pommes frites, das ist auch kurz, und da weiß ich, was es ist, und muss mich nicht drüber ärgern.

ECKHARD Also dann, ab wo?

CHRISTINE Na, ab Mittagessen.

LEO Also.

RAINER Bockwurst mit Pommes frites.

LEO Brauchst du noch irgendwas dazu?

RAINER Nein, wir können weitermachen.

LEO Probier zuerst, sonst nimmst du doch noch etwas andres.

RAINER Ja, ist gut, sehr lecker.

LEO Also.

RAINER Bockwurst mit Pommes frites.

CHRISTINE Karottensuppe mit ein bisschen Kürbisöl und ein kleiner gemischter Salat.

RAINER Haaa!

CHRISTINE Der ist da sowieso dabei.

ECKHARD Oh, Kartoffelklößchen.

EVA Es geht mir gut, ich fühl mich leicht.

ECKHARD Die ess ich wirklich gerne.

LEO Ein Bananencrêpe mit Grand Marnier und Schokoladensauce, das verkürze ich auf Crêpe nature.

ECKHARD Meinen Nachtisch muss ich auch nicht unbedingt –

EVA Ein halber Apfel und ein Stückchen Käse.

CHRISTINE Wars das fürs Mittagessen?

EVA Und eine Pizzaschnitte Capriciosa.

CHRISTINE Gut, dann machen wir jetzt –

EVA Und eine Pizzaschnitte Funghi und ein halbes Thunfischbrötchen und –

RAINER Das reicht.

EVA Das weiß ich!

CHRISTINE Dann machen wir bei –

EVA Und ein Stück Sahnetorte Philadelphia mit einer Extraportion Sahne plus vier Kugeln Eis mit Sahne.

LEO Das reicht, hör auf!

EVA Wem sagst du das! Plus ein kleines Softeis ohne Sahne,

aber mit Schokoladenüberzug und eine kleine Portion Pommes und sechs Chicken Wings, ein Fischbrötchen, drei Miniröstis, ein Paar Wiener, eins davon kann man streichen, das hab ich dann doch nicht mehr geschafft, das hab ich weggeschmissen, und das Schlimmste ist, dass ich mir an der selben Imbissbude eine halbe Stunde später noch mal ein Paar Wiener gekauft hab und in der Pause noch die beiden Käsebrötchen –

RAINER Und grade noch den Butterkeks.

EVA Und grade noch den Butterkeks!!!

RAINER Und jetzt käm ja noch das Abendessen.

LEO Das streichen wir komplett. Wir hören nach dem Mittagessen auf.

CHRISTINE Also, eine Kleinigkeit würd ich schon ganz gerne –

EVA Meins können wir streichen.

LEO Bist du sicher?

EVA Hoffentlich.

ECKHARD Mir würde eine Kleinigkeit auch reichen.

CHRISTINE Also Abendessen.

LEO Aber jeder nur ne Kleinigkeit.

RAINER Rehgeschnetzeltes mit Tagliatelle, grünen Bohnen und –

LEO Das hattest du doch schon mittags gekürzt!

RAINER Das war ein Fehler.

ECKHARD Ein Stückchen Gouda, eine halbe Gurke –

RAINER Birnenkompott –

CHRISTINE Gedünstetes Gemüse und ein Hähnchenschnitzel, bio, mager.

RAINER Und ein Château Margaux, oh, der ist lecker.

LEO Ich dachte, jeder nur ne Kleinigkeit!

EVA Eine Tafel Kinderschokolade.

LEO Jetzt fängst du auch noch wieder an!

EVA Für heute ist es sowieso egal.

ECKHARD Ach, da sind ja noch Kartoffelklößchen.

LEO Schluss!

RAINER Ich nehm noch –

LEO Schluss!

EVA Und Gummibärchen.

LEO Schluss! Aufhörn! Schluss! Das ist zu viel, das ist alles viel zu viel!

CHRISTINE Also gut, wie machen wirs?

LEO Kürzer jedenfalls.

ECKHARD Und was wär, wenn wir beim Abendessen irgendwas gemeinsam –

EVA Das fänd ich auch gut.

ECKHARD Ja, dass da nicht jeder so alleine –

LEO Irgendetwas Einfaches.

EVA Spaghetti Bolognese.

CHRISTINE Kann ich leider gar nicht essen.

LEO Wieso das denn?

CHRISTINE Die pure Säurekatastrophe.

LEO Haa!

CHRISTINE Und das Fleisch ist voll mit Kortison.

EVA Wie viel Kalorien hat Kortison?

CHRISTINE Und schon gar nicht abends.

LEO Was dann?

CHRISTINE Wie wärs mit gedünstetem Gemüse?

RAINER Sind da Karotten mit dabei?

CHRISTINE Die sind dabei.

RAINER Dann nicht.

ECKHARD Einfach Käse.

LEO Also, ausgerechnet Käse ist für mich nichts, ich bin überhaupt nicht mäklig, nur ausgerechnet Käse –

EVA Was ist mit Reis?

LEO Das geht.

CHRISTINE Hab ich nichts dagegen.

ECKHARD Gut.

RAINER Kommt drauf an, was da noch dabei ist.

LEO Nichts. Einfach Reis und fertig aus.

RAINER Nee, wirklich nicht, ich hatte heut Mittag nur –

CHRISTINE Reis is gut, so machen wirs.

RAINER Könnte da nicht wenigstens –

CHRISTINE Nein, sonst geht die Diskutiererei wieder von vorne los.

LEO Also Abendessen.

CHRISTINE Eine große Schale Reis für alle.

Pause.

EVA Solln wir das gemeinsam sagen?

LEO Ausprobieren.

ALLE Eine große Schale Reis für alle.

RAINER Das geht gar nicht.

CHRISTINE Das geht wirklich überhaupt nicht.

LEO *zu Christine* Dann sagst du das also.

CHRISTINE Ich muss nicht immer, wegen mir kann das auch jemand anders sagen.

LEO *zu Eva* Sag dus doch.

Pause.

EVA *leise* Eine große Schale Reis für alle. *Sie muss weinen.* Entschuldigung … Entschuldigung, is ganz blöd, ich weiß … *zu Christine* Sag dus doch besser.

CHRISTINE Eine große Schale Reis für alle.

Pause.

RAINER Und wie gehts jetzt weiter?

LEO Wir stellen die Spendenbox auf und Schluss.

14 Einundfünfzig Prozent

ECKHARD Ich finde, am Ende sollte doch noch mal ein Spendenaufruf sein.

RAINER Da hat doch jetzt schon jeder …

EVA *zu Leo* Du hast deinen noch gar nicht gemacht.

LEO Schön, dass das doch noch jemand auffällt!

EVA Dann machst ihn eben jetzt noch.

LEO Nein, ich weiß nicht.

CHRISTINE Jetzt machst du ihn einfach mal.

ECKHARD Ja, das fänd ich gut.

CHRISTINE Streichen können wir den immer noch.

LEO Meine Damen und Herren, ich möchte Sie heute Abend zu 100 Prozent von einem Projekt überzeugen – *Pause.* Zu 80 Prozent von einem … *Pause.* Meine Damen und Herren, ich möchte Sie heute Abend zu 51 Prozent von einem Projekt überzeugen, das mir am Herzen liegt. Ja. Das ist die gute Nachricht des Abends. 51 Prozent Überzeugung reichen völlig. Damit nehmen wir gleich mal 49 Prozent Überzeugungsdruck weg. Is ne Menge. Das erleichtert das Ganze enorm. In die 49 Prozent packen Sie jetzt alles, was mit Weltretten, Sinn des Lebens und schlechtem Gewissen zu tun hat, sowie alle größeren globalen Menschheitsfragen, und dann gehen Sie mit Ihren 51 Prozent Überzeugung ganz entspannt zum Spendenkasten und schmeißen da was rein. Sie müssen nicht wirklich davon überzeugt sein, dass genau diese Schule der Welt wieder Sinn gibt, Sie könnens einfach trotzdem tun. Warum denkt man eigentlich immer, wenns ums Spenden geht, muss man komplett durchdrungen sein vor Überzeugung. Muss man nicht. Wie oft kauft man sich ne Pizza und denkt auch nicht: Bin ich jetzt wirklich von der Pizza überzeugt? Man kauft sie, man isst sie und fertig. Oder man kauft für irgendjemand ein Geschenk, ist weder von dem Geschenk überzeugt noch davon, dass es derjenige wirklich verdient, man machts trotzdem und hat danach auch keine Sinnkrise. Man bewegt sich ständig zwischen Halbheiten, Dreiviertelüberzeugung, zwischen Einerseits und Andrerseits, das ist normal. 51 Prozent sind genug. Ein Prozent Unterschied zwischen Nein und Ja. Und von dem einen Prozent bin ich wirklich überzeugt. Dieses Prozent reicht auch nur genau für diese Schule in Bissau. *Er stellt eine Spendenbox sichtbar an den Ausgang und legt die Flyer dazu. Er geht wieder auf die Bühne.* Also, die 51prozentig Überzeugten schmeißen gleich spontan was in den Kasten, einfach so, spontan, ohne sich groß weiter einen Kopf zu machen, ohne moralischen Anspruch, ohne Vision, einfach so. Die höherprozentig Überzeugten holen sich die Infoblätter, die hier ausliegen, lesen es gründlich durch, gucken noch mal ins Internet und füllen dann das beiliegende Überweisungsformular aus. Oder geben noch was ab an Überzeugungsschwächere, gucken nachher einfach mal so n bisschen mit, wer da versucht, sich an der Spendenbox vorbeizumogeln, machen denjenigen vielleicht ganz freundlich aufmerksam: »Na? Haben Sie nicht was vergessen?« Und wer wirklich advanced-level überzeugt ist, verbindet das Ganze mit Sinn, Gott und seinem Leben. Das ist aber wirklich Fleißaufgabe. Danke schön.

Wenn die Zuschauer den Theaterraum verlassen, stehen im Foyer weitere Spendenboxen. Die Zuschauer sollen nicht zum Spenden gedrängt werden, aber die Spendenboxen und die Flyer sollen so präsent sein, dass man als Zuschauer nicht so tun kann, als hätte man sie nicht gesehen.

Anmerkung der Autorin zu Benefiz

Benefiz ist ein Theaterstück, das an ein reales Projekt in Afrika gekoppelt ist. Davon sollen beide Projekte profitieren. Das Theaterstück, weil sich grundsätzliche Fragen nach Haltung und Selbstverständnis von Theater durch die Anwesenheit des realen Projektes verschärfen, das reale Projekt profitiert hoffentlich von dem Theaterabend in konkreter Münze. Der Gang der Zuschauer zu den Spendenboxen oder an ihnen vorbei findet genau auf der Grenze statt, wo das Theater natürlich dafür plädiert, den Zuschauer völlig frei zu lassen, und die Realität dafür plädiert, so viel Spendengelder wie möglich zu bekommen. Sowohl dieser Konflikt als auch der Moment, wie sich die einzelnen Zuschauer zu den Spendenkästen – so oder so – verhalten, gehören für mich wesentlich zum Stück. Deswegen soll *Benefiz* nicht als isoliertes Theaterstück gespielt werden, sondern eben im Zusammenhang mit dem dazugehörigen realen Projekt. Die Zuschauer sollen zu Beginn des Stückes noch nicht wissen, dass sie am Ende mit Spendenboxen konfrontiert sind. Beim realen Projekt geht es um den Aufbau einer Schule in Guinea-Bissau. Träger ist die Deutsch-Guinesische Gesellschaft e.V., ein kleiner Kreis von Künstlern, die sich zum Teil über gemeinsame Arbeiten am Kölner Theater kennengelernt haben. Carlos Robalo ist Musiker aus Guinea-Bissau, lebt in Köln und Guinea-Bissau, er managt und überwacht den Aufbau vor Ort. Es hat mich beeindruckt, mit welcher Beharrlichkeit, Energie und Unsentimentalität dieses Projekt von allen Beteiligten Stück für Stück vorwärtsgebracht wird. Die Deutsch-Guinesische Gesellschaft hat eine Website: www.eineschulefuerbissau.de. Ansprechpartner sind über folgende E-Mail-Adresse zu erreichen: kontakt@eineschulefuerbissau.de.

Viel Spaß beim Proben!

Selbstverantwortung – bis ins absurdeste Extrem

Ingrid Lausund im Gespräch

FRANK KROLL Du hast gerade* an den Hamburger Kammerspielen eine neue Inszenierung mit dem gleichermaßen knappen wie einprägsamen Titel »Zeit – Die erschöpfte Schnecke wirft ihr Haus weg und flippt richtig aus« herausgebracht. Es geht um das Getriebensein in unserer Zeit, um den Stress, in dem wir leben, um Ausbruchsversuche und das Scheitern daran. Es ist ein wunderbarer Abend geworden, eine sehr musikalische Arbeit, finde ich, mit einem sehr eigenen Rhythmus. Vermutlich wird das Stück, anders als deine anderen, nicht nachinszeniert werden können.

INGRID LAUSUND Es ist eine Textchoreographie, die sich so genau auf den Raum bezieht und auf die Bewegung, dass ich mir tatsächlich auch nicht vorstellen kann, wie man den Text davon lösen könnte. In einer Art und Weise, dass er dann noch Sinn macht.

KROLL Lassen wir uns überraschen. Der Text ist auch in einer besonderen Weise, fast tabellarisch, notiert. Der Abend ist eine wahnsinnig genau gesetzte Choreographie, die Schauspieler sind permanent in Bewegung und haben jeweils nur Sekunden, um ihre Texte und neue Situationen und Haltungen zu setzen. Ich würde gern auf deine besondere Arbeitsweise kommen. Du arbeitest als Autorin und regelmäßig gleichzeitig auch als Uraufführungsregisseurin deiner Stücke. Wie beispielsweise Pollesch, Kater/Petras und andere auch. Wie geht das für dich zusammen bzw. – was ja vermutlich die größere Schwierigkeit bedeutet: wie hältst du beide Welten auseinander? Ist das nicht unendlich an-

* Das Gespräch fand am 2. Juli 2012 statt.

strengend, beide Berufe parallel auszuüben? Es ist ja nicht so, dass du deine Stücke mit den Schauspielern zusammen erarbeitest. Du bist ja tatsächlich beides: Vollzeit-Autorin und Vollzeit-Regisseurin. Wie kriegst du das unter einen Hut?

LAUSUND *lacht.*

KROLL Wie viele Zigaretten bedeutet das pro Tag?

LAUSUND Zu viele. Das war ja auch ein Grund, lausundproductions zu gründen. Wir sind ständig dabei, zu gucken: Wie kann man Strukturen bauen, mit denen das besser unter einen Hut zu bringen ist? Tagsüber proben und nachts schreiben, das ist auf Dauer nicht so gesund. Wie geht das zusammen? Künstlerisch geht das total gut zusammen. Ich kann Sachen schreiben und, bevor ich mich völlig in etwas reinverkopfe, das alles mit Schauspielern ausprobieren. Ich kann Ideen sofort sehen, ohne dass ich sie komplett ausformulieren muss. Ich kann sofort sehen, ob das auf der Bühne überhaupt funktioniert. Etwas ausprobieren und entwickeln und probieren, das geht unheimlich gut zusammen. Aber zeitlich und gesundheitlich – geht's eher nicht.

KROLL Was ist lausundproductions, und was hat euch dazu bewogen, diese Compagnie zu gründen?

LAUSUND lausundproductions ist ein Unternehmen, das ich mit meiner Bühnenbildnerin Bea von Pilgrim zusammen gegründet habe und das sehr eng mit dem Büro 313 hier in Berlin zusammenarbeitet. Das ist also eine Produktionsgesellschaft, um selbständig produzieren zu können – mit Koproduktionspartnern zusammen. Beispielsweise dem Theater Duisburg oder den Hamburger Kammerspielen. Das ist kein ideologisches Statement gegen das Stadttheatersystem, wir koproduzieren mit Stadttheatern. Wir haben nach der Zeit in Hamburg und Köln diese Struktur gefunden, um weiter Projekte miteinander zu entwickeln, und bauen jetzt das Netzwerk aus.

KROLL Ich würde gern auf deine Stücke zurückkommen, in einem allgemeineren Sinn. Deine Figuren leiden an den gesellschaftlichen Verhältnissen und suchen doch die Lösungen für ihre Probleme immer nur in sich selbst. Sie versuchen sich zu optimieren, sie unterwerfen sich dem radikalsten Ego-Tuning bis hin zur freiwilligen Gehirnwäsche.

LAUSUND Meine Figuren sind reflektierte Figuren, sie haben ein Bewusstsein über sich, ein Bewusstsein über Kompliziertheiten. Die haben auch ein Gefühl für Peinlichkeit und so eine Grundscham in sich. Ich glaube, dass die Komik, die man meinen Texten unterstellt, auch nur dann funktionieren kann, wenn man die Figuren in diesem Sinne ernst nimmt. Das sind sehr erwachsene Figuren, die ein klares Bewusstsein darüber haben, was sie gerade sagen. Dass die Figuren alle Antworten in sich selber suchen, hat etwas damit zu tun, dass es mir um zeitgenössisches Theater geht. Die großen Heils- und Glaubenssysteme sind ja weggefallen. Die ganz normale Grundforderung an jeden ist: Du bist für dein Glück selber verantwortlich. Jeder kann es schaffen. Eine Selbstverantwortung, die heute bis ins absurdeste Extrem gefordert ist.

KROLL Du stellst uns als Zeitgenossen mit deinen Stücken eigentlich eine bittere Diagnose aus: Wir verfügen über ein extrem verfeinertes Instrumentarium an Selbstdiagnosemöglichkeiten, gleichzeitig scheitern schon kleinste Versuche, aus unseren Routinen auszubrechen.

LAUSUND Das mit der bitteren Diagnose – das weiß ich gar nicht so sehr. Jedes meiner Stücke beschäftigt sich mit Menschen, die um etwas kämpfen. Aber das ist ja eigentlich nur das Wesen vom Drama. *Lacht.* Wenn ich überlege, wie meine Stücke aufhören, finde ich eigentlich nicht, dass die Figuren verbittert sind.

KROLL Das meinte ich auch nicht. Aber der gesellschaftliche Befund ist doch ein bitterer. Die Figuren hadern mit sich, geben sich nicht zufrieden, sind dabei ganz auf sich zurückgeworfen. Weit vor jeder Solidarisierung, vor jeder Möglichkeit, größere Veränderungen anzustoßen, weil sie so sehr mit sich beschäftigt bleiben.

LAUSUND Ich sehs eher so, dass die einfach zu erwachsen sind, um sich in ein wasserdichtes Glaubenssystem zu begeben, dass es trotz aller Einsamkeiten, Peinlichkeiten und Kaputtheiten immer auch ein Trotzdem gibt. Gerade wenn ich an die Enden meiner Stücke denke. *Benefiz:* Es reichen 51 Prozent für eine Entscheidung, es müssen nicht 100 Prozent sein. *Tür auf, Tür zu:* Jetzt konzentrier ich mich mal auf mich, auch wenn alle Türen zugehen. *Konfetti:* Ganz viele gute Nachrichten zum Schluss. Ich sehe das gar nicht so hoffnungslos *lacht*, aber natürlich gibt es auch keine Lösung in dem Sinne, dass jemand erschüttert wird und am Ende weiß, wo es langgeht. Aber es gibt ja auch, bis jetzt jedenfalls, keine Hauptfiguren in meinen Stücken.

KROLL Dieses Trotzdem, das heißt ja Aufbegehren und Empörung. Gerade scheinen sich gesellschaftliche Bewegungen neu zu formieren. Interessiert dich das, verfolgst du das? Spielt das für dich eine Rolle? Siehst du deine Theaterarbeit auch in einem weiteren politischen Zusammenhang?

LAUSUND Also so was wie Occupy? – Ich verfolge das. *Lange Pause.* Wenn ich etwas über Occupy schreiben würde, dann würde ich auch versuchen zu beschreiben, dass das Große und das Kleine zusammengehören, dass es um Leute geht, die auf einer Seite mit ihrem persönlichen Einsatz gesellschaftliche Veränderungen suchen, und dass diese Leute gleichzeitig ein Bewusstsein dafür haben, dass das T-Shirt, das sie anhaben, gut ausschaut. Wenn sie auf eine Demo gehen, wissen sie, was gut aussieht. Mich interessiert beides, der große pathetische Impuls und die anderen kleinen, fiesen, egoistischen Impulse, die einfach immer dabei sind.

KROLL Wir haben uns 2001 nach der Uraufführung von *Hysterikon* kennengelernt. Wir hatten damals so eine gemeinsame Ahnung, die aus meiner Sicht weit übertroffen wurde. Worauf führst du den anhaltenden Erfolg deiner Stücke mit inzwischen mehr als 100 Inszenierungen – nicht nur hierzulande – zurück? Könnte das etwas damit zu tun haben, dass du mit deinen Stücken eine Zeitstimmung triffst?

LAUSUND Das weiß ich nicht. Irgendwas triffts wohl. Aber das kann man nicht wissen, wenn man schreibt. Den Nährwert bestimmen andere. Die Wirkung ist ja ein ganz eigenes Phänomen, das nichts damit zu tun hat, wie viel Arbeit man in etwas gesteckt hat. Ich glaube, die Stücke sind anfassbar genug, dass verschiedenste Regiekonzepte aufgehen können. Wenn man die Figuren ernst nimmt. Man muss Kruse nicht immer die Doofmütze aufsetzen. *Lacht.*

Stücke von Ingrid Lausund bei Suhrkamp

Hoimwärts nach Amerika
1 D, 2 H
Uraufführung: 1998 am Theater Ravensburg, Regie: Ingrid Lausund

Hysterikon
3 D, 4 H
Uraufführung: 25. März 2001, Deutsches Schauspielhaus Hamburg, Regie: Ingrid Lausund

Bandscheibenvorfall – Ein Abend für Leute mit Haltungsschäden
2 D, 3 H
Uraufführung: 6. April 2002, Deutsches Schauspielhaus Hamburg, Regie: Ingrid Lausund

Konfetti! – Ein Zauberabend für politisch Verwirrte
2 D, 3 H
Uraufführung: 14. Februar 2003, Deutsches Schauspielhaus Hamburg, Regie: Ingrid Lausund

Der Weg zum Glück
1 H
Uraufführung: 12. Juni 2004, Deutsches Schauspielhaus Hamburg, Regie: Ingrid Lausund

Benefiz – Jeder rettet einen Afrikaner
2 D, 3 H
Uraufführung: 20. September 2009, Schauspielhaus Salzburg, Regie: Ingrid Lausund

Tür auf, Tür zu
Uraufführung: 24. November 2011, Theater Duisburg, Regie: Ingrid Lausund

Zeit – Die erschöpfte Schnecke wirft ihr Haus weg und flippt richtig aus
3 D, 2 H
Uraufführung: 29. April 2012, Hamburger Kammerspiele (Koproduktion mit dem Theater Duisburg und lausundproductions), Regie: Ingrid Lausund – ausgezeichnet mit dem Rolf-Mares-Preis der Hamburger Theater 2012

Suhrkamp Verlag GmbH
Torstraße 44, 10119 Berlin
info@suhrkamp.de
www.suhrkamp.de